电网企业精益化成本创新管理
理念、方法与实践

主编　林世友

副主编　李宇哲　胡玉蔚　黄　莉　刘金朋

中国电力出版社
CHINA ELECTRIC POWER PRESS

内容提要

本书立足电网企业精益化成本创新管理理念模式探索与实践总结，着眼于成本管理创效微单元核心问题，总结凝练电网企业成本管理基本内容及精益化成本管理先进理念，从电网作业标准成本管理体系构建、电网成本有效性分析体系构建、电网企业投入产出经营效能评估体系构建、电网企业内部模拟市场体系构建、电网企业提质增效管理体系构建五个关键模块，阐释先进理念方法、机制模式的提出与实践，为企业成本管理变革创新与赋能提升优化发展提供参考与借鉴。

本书可供电力企业成本管理相关业务人员及企业经营管理优化相关研究人员参考使用。

图书在版编目（CIP）数据

电网企业精益化成本创新管理：理念、方法与实践 / 林世友主编 . — 北京：中国电力出版社，2023.3

ISBN 978-7-5198-7095-9

Ⅰ . ①电… Ⅱ . ①林… Ⅲ . ①电力工业 — 工业企业管理 — 成本管理 — 研究 — 中国 Ⅳ . ① F426.61

中国版本图书馆 CIP 数据核字（2022）第 184051 号

出版发行：中国电力出版社
地　　址：北京市东城区北京站西街 19 号（邮政编码 100005）
网　　址：http：//www.cepp.sgcc.com.cn
责任编辑：张　瑶（010-63412503）
责任校对：黄　蓓　常燕昆
装帧设计：赵丽媛
责任印制：石　雷

印　　刷：三河市万龙印装有限公司
版　　次：2023 年 3 月第一版
印　　次：2023 年 3 月北京第一次印刷
开　　本：710 毫米 ×1000 毫米　16 开本
印　　张：12.5
字　　数：214 千字
定　　价：58.00 元

本书编委会

主　　编	林世友			
副 主 编	李宇哲	胡玉蔚	黄　莉	刘金朋
编写人员	郑李键	林少红	江　薇	姚铃岚
	王　琳	陈钢强	曾雪吟	王　玮
	林　羽	郑　晟	曾　聪	邹美华
	喻　婧	郑晨虹	王　莹	张诗鸣
	韩雅儒	刘孟哲	柯　晔	朱雪梅
	黄峰慧	姜明月	郭　霞	林颖雯

前 言

本书以面向一流精益化成本创新管理为目标，立足电网企业成本管理实际与价值创造赋能提升指引，系统科学探究电网企业精益化成本创新管理先进理念、方法与模式机制，积极推进管理变革创新实践推广，为落实资源配置优化、全要素发力及提质增效发展要求，引领电网企业精益化成本管理创新发展提供参考与借鉴。

本书第一章为电网企业成本管理概述，第二章总结凝练企业精益化成本管理先进理念与典型案例，第三章介绍电网作业标准成本管理理念、方法及应用实践情况，第四章阐释电网成本有效性分析体系构建理念、方法及应用实践开展，第五章论述电网企业投入产出经营效能评估管理理念、方法及应用实践案例，第六章介绍电网企业内部模拟市场体系构建理念、方法及应用实践情况，第七章阐释电网企业提质增效管理体系构建理念、方法及应用。

本书探索电网企业精益化成本创新管理先进理念与管理模式，提出了面向创效微单元与核心问题的基本思路，从成本要素对象、成本业务活动、成本配置决策及成本管理责任主体等方面开展创新管理体系构建及实践探索，形成了具有一定代表性与参考借鉴价值的特色管理模式。主要成果及典型做法在电网企业积极推广应用，总结先进理念与经验，凝练关键问题与完善策略，带来了显著的赋能提升效果与发展优化指导作用。

本书由国网福建省电力有限公司财务资产部牵头，组织国网福建经研院、国网福州供电公司、国网厦门供电公司、国网漳州供电公司等相关业务单位，联合华北电力大学等科研院所，组建专家及业务骨干团队，科学谋划群策群力，立足创新贴合实际，形成了“产—学—研—用—管”集成研讨与互动创新研究模式。由于本书属于探索性实践总结，编写团队水平有限，难免存在疏漏与不足之处，恳请读者谅解并批评指正。

目录

第一章　电网企业成本管理概述

第一节　企业成本的基本概念

成本是商品经济的产物，是商品经济中的一个经济范畴，是商品价值的主要组成部分。马克思在《资本论》中指出：产品的价值（W）由三个部分组成，即生产中消耗的生产资料的价值（C）、劳动者为自己的劳动所创造的价值（V），以及劳动者为社会创造的价值（M），其中，产品成本是由 $C+V$ 构成。因此，从理论上说，产品成本是企业在生产过程中已经耗费的用货币表现的生产资料的价值与相当于工资的、劳动者为自己所创造的价值的总和。事实上，产品成本属于成本，但成本并不等于产品成本。由于成本与管理结合密切，因而成本的内容往往要服从管理的需要。

随着商品经济的不断发展，成本概念的内涵和外延都处于不断变化发展之中。今天对于成本的定义已不再仅仅局限于产品成本的范畴，例如，美国会计学会与标准委员会这样定义成本：成本是为了一定目的而付出的（或可能付出的）用货币测定的价值牺牲。从这一定义看，成本的外延除了产品成本的概念与内容外，它还可以包括劳务成本、工程成本、开发成本、资产成本、资金成本、质量成本、环保成本等。它有以下几方面的含义。

第一，成本属于商品经济的价值范畴，即成本是构成商品价值的重要组成部分，是商品生产中生产要素耗费的货币表现。

第二，成本具有补偿的性质，它是为了保证企业再生产而应从销售收入中得到补偿的价值。

第三，成本本质上是一种价值牺牲。它作为实现一定的目的而付出资源的价值牺牲，可以是多种资源的价值牺牲，也可以是某些方面的资源价值牺牲，甚至从更广的含义看，成本是为达到一种目的而放弃另一种目的所牺牲的经济价值，在经营决策中所用的机会成本就有这种含义。

除此之外，由于成本管理的不同目的，形成了对成本信息的不同需求，使成本有各种各样的组合；同时人们对它的认识也在日趋深化，于是目标成本、可控成本、责任成本、相关成本、可避免成本等新的成本概念源源不断地涌现，形成了多元化的成本概念体系。企业成本基本分类如图 1-1 所示。

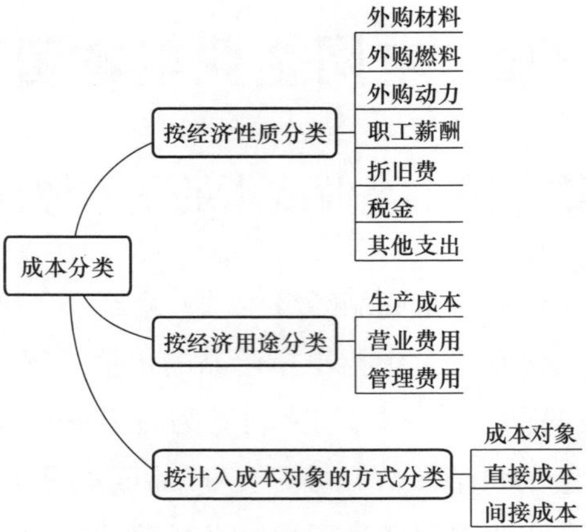

图 1-1　企业成本基本分类

第二节　电网企业成本构成

电网成本一般分为购电成本和相关输配电成本，电网成本基本构成如图 1-2 所示。

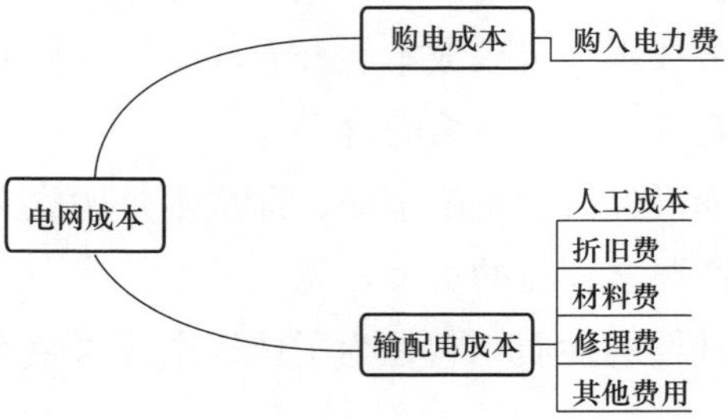

图 1-2　电网成本基本构成

（1）购电成本是指向独立发电企业购入电量，按规定或约定的价格支付的电费。

（2）输配电成本是指在输电和配电环节提供和输送电能所产生的成本费用，包括人工成本、折旧费、材料费、修理费、其他费用。

1）人工成本。人工成本是指从事输配电业务的职工发生的薪酬支出。

2）折旧费。折旧费是指电网企业固定资产、使用权资产，按照规定的折旧方法计提的折旧费用。

3）材料费。材料费是指电网企业耗用的消耗性材料、事故备品、燃料和动力等费用。

4）修理费。修理费是指维护电网运行安全、保证电能输配过程中发生的相关修理费用。

5）其他费用。其他费用是指除以上费用外的其他费用，包括办公费、水电费等。

第三节 电网企业成本管理

一、一般企业成本管理

成本发展到成本管理，一般经由两种路径：一种是从成本的理论扩展深化到成本管理；另一种则是来自对实践的提炼。从成本到成本管理既是理论上的延伸，也是实践上的扩展，并且两种导论实践路径彼此作用、互相影响。

成本管理的最终目的是控制和节约成本，通过成本预算、分析、核算等管理行为优化生产过程，提高企业资源使用效率。成本管理由成本规划、成本计算、成本控制、业绩评价四部分组成，是构成企业管理的重要内容。成本管理的对象广阔，从空间上来看：一方面，企业中与生产运行相关的资金耗费都是成本管理的范畴；另一方面，从更广阔的空间范围来看，企业的资金耗费价值链中其他企业的资金耗费都是成本管理的对象，行业价值链的上下游企业，比如上游供应商企业、下游客户企业等，这些企业的资金耗费都可以形成成本管理的关注点，成本管理已经远远超出了自身企业的界限。从时间上来看，成本管理除了关注现在时间点上的成本核算与控制，还要关注过去的历史成本数据及未来尚未发生的成本规划。

成本管理是对企业生产和经营过程中所发生的内外部成本，按照系统科学合理的方法进行预测、计划、控制、核算、分析和绩效评价等一系列的科学管理工作。不难看出，成本管理的空间范围也得到了拓展，企业间边界也变得越来越模糊，企业正趋于无边界化。成本管理并不局限于企业内部，它还拓展到与上下游主体之间的作业链条之中，力争实现整体成本的最小化。

此外，成本管理并不是一个孤立的管理过程，是一个全员、全过程、全系统控制的过程，应当从战略的高度、动态的视角和整体的观念来审视成本管理的概念。

（1）成本管理概念应当是战略的。企业成本管理应当能够帮助从战略上挖掘核心竞争力，使成本成为产生竞争优势的动力和来源，帮助企业实现战略目标。

（2）成本管理概念应当是动态的。成本管理应当朝着用户导向、协调合作的方向发展，不断降低成本，提高用户价值。

（3）成本管理概念应当是整体的。成本管理的重点在于获得持续的竞争优势，需要通过信息共享、共同合作，来全方位降低和控制成本。

成本管理的内容一般包括成本预测、成本决策、成本计划、成本控制、成本核算、成本分析和成本考核等。

（1）成本预测。成本预测是以现有条件为前提，在历史成本资料的基础上，根据未来可能发生的变化，利用科学的方法，对未来的成本水平及其发展趋势进行描述和判断的成本管理活动。

（2）成本决策。成本决策是在充分利用已有资料的基础上，对运营过程中与成本相关问题的各个方案、运用定性和定量的方法，综合经济效益、质量、效率和规模等指标，进而确定运营过程中与成本相关的最优方案的成本管理活动。

（3）成本计划。成本计划以运营计划和有关成本资料为基础、根据成本决策所规定的目标，通过一定的程序，运用一定的方法进行的针对计划期企业的生产耗费和成本水平具有约束力筹划的成本管理活动。

（4）成本控制。成本控制是成本管理者根据预定的目标，对成本发生和形成过程，以及影响成本的各种因素条件施加主动的影响干预，使成本按照预期方向发展的成本管理活动。

（5）成本核算。成本核算是根据成本计算对象，按照法规制度和企业管理的要求，利用会计核算体系，采用适当的成本计算方法，对运营过程中实际发生的各种耗费按照规定的成本项目进行计算、归集与分配，取得不同成本计算对象的总成本和单位成本，并将其传递给有关使用者的成本管理活动。

（6）成本分析。成本分析是在成本核算提供的实际成本及其他有关资料的基础上，运用一定的方法，揭示成本变化情况，进一步查明影响成本变动的各种因素、产生的原因，明确相应的责任单位和责任人的责任，并提出建设性的建议，以采取有效措施控制成本的成本管理活动。

（7）成本考核。成本考核是对成本计划及其有关指标实际完成情况进行定期总结和评价，并根据考核结果和责任制的落实情况，进行相应奖励和惩罚，以监督和促进企业加强成本管理责任制，提高成本管理水平的成本管理活动。

成本管理的诸项内容各有其基本特点，同时又相互联系、相辅相成，并贯穿于企业生产经营的全过程，构成了现代成本管理的框架。成本预测是成本决策的前提；成本决策是成本预测的结果；成本计划是成本决策所确定目标的具体化；成本控制是对成本计划的实施进行监督，保证决策目标的实现；只有通过成本分析，才能对决策正确性做出判断；成本考核是实现成本决策目标的重要手段。必须指出，在上述各项内容中，成本核算是成本管理中最基本的内容，离开了成本核算，就谈不上成本管理，更谈不上其他内容的发挥。

二、电网企业成本管理内容体系

1. 电网企业成本管理的基本原则

（1）全面管理原则。实行全员、全方位、全过程成本管理，全面落实生产、经营、管理各环节成本管理职责。建立健全成本预决算管理、绩效考核和监督评价制度，完善成本闭环管理机制，促进成本管理的良性循环和持续改进。

（2）价值最大化原则。统筹降低社会用能成本与电网可持续发展、效率与风险“两大平衡”，注重投入产出效率，实现成本价值最大化。聚焦企业战略目标，保障经营发展重点投入，持续深化集团化运作，促进资源化配置。

（3）分类管理原则。积极适应输配电价等外部监管要求，按照战略和运营、财务并行管控模式优化方案，对监管与非监管业务实施分类管理，构建差异化成本管理体系。坚持放管结合、寓管于服，科学界定各级单位成本管理权责范围，持续提升成本管理质量和效率。

（4）依法管控原则。严格落实国家财经法规和企业内控制度，规范有序发生成本支出。厉行勤俭节约，衔接多维精益管理变革，严格支出源头及过程管控，消除和减少经营管理中无价值活动，持续实现挖潜增效。

2. 电网企业成本管理的主要内容

（1）制修订成本管理制度。电网企业成本的归口管理部门是各级财务部门，成本管理的责任部门包括各级专业部门、事业部、业务中心及特设机构等；电网企业的成本管理机制包括标准成本、收入成本联动等；电网企业成本管理主要内容的基础是制修订相关成本管理制度。

（2）制修订成本标准。电网工程成本标准的制定以工程预算编制与计算规定、概预算定额为基础，以工程成本费用树状结构为主线，形成电网工程标准成本，其中涵盖了基建、技改等业务，作为内部控制工程成本的标准。

电网生产、运营及非电单位成本标准的制定采用作业成本法、动因分析法等方法。以国家、行业政策标准和价格水平为基础，确认作业动因，建立作业种类和定额，按照“典型作业—典型项目—典型设备—典型资产”的链路汇总，形成单位成本定额标准。

（3）成本预算编制。

1）编制原则。各级单位根据业务和不同的预算事项，合理选择预算编制方法编制预算，常用的预算编制方法包括固定预算、弹性预算、滚动预算、零基预算等。同时关注行业先进水平、国际先进水平，积极开展对标工作。

2）编制过程。电网企业财务部会同发展部和各专业部门提出下一年度总控目标的建议，财务部基于总控目标，向各部门和企业各级单位印发预算编制大纲，启动下一年度预算编制工作；基于成本标准，各级单位确定生产经营和管理成本预算。

3）预算发布与执行控制。各级单位严格执行下达的预算方案，将预算指标层层分解，发布到各级预算责任中心，形成全面的预算责任体系，确保年度经营目标可控、在控。建立月度预算管理制度，严格预算管控，确保有预算不超支、无预算不开支。建立重大预算偏差事项报告制度，各级单位发生严重偏差事项，及时向电网企业总部进行专题报告。建立预算分析通报制度，监控预算执行进度，跟踪分析存在问题，及时提出解决方案。

（4）成本过程管理。

1）成本核算管理。电网企业按照管理层级设置成本中心。电网企业的成本项目划分为人工成本、折旧费、材料费、修理费、其他费用。

根据上述模式设置成本中心和成本项目后，调整相应的明细会计科目。

2）成本信息归集。成本信息的作用在电网企业成本管理中具有举足轻重的作用，归集生产过程中所发生的各种费用，按照成本项目进行分类汇总，收集到的成本信息用于下一阶段与成本预算进行比较分析。

3）预算执行情况分析。跟踪电网企业项目预算的实施情况，比较项目预算和实际执行情况是否一致。从业务预算、综合预算和财务预算三个方面分别与实际执行情况进行分析比较，掌握电网企业预算执行动态情况，进而分析产生差异的原因。

（5）成本管理绩效评价。开展成本绩效评价指标研究和应用工作，建立健全成本管理绩效评价体系，加强实际成本与标准成本及同业先进水平的对标，不断提高投入产出效率。成本管理绩效评价指标的设置应体现行业特点，综合评价经营各环节的成本耗费水平。

（6）成本管理考核与奖惩。建立成本管理监督机制，协同内外部检查，强化成本支出风险管控。对各类审计检查问题，梳理建立问题清单销号整改长效机制，从制度完善、职责明确、流程优化等方面，持续提升成本管理水平。

结合企业负责人业绩考核等办法，将成本管理绩效评价指标逐级分解，明确有关成本管理绩效的评价责任部门、考核责任部门及奖惩措施。

3. 电网企业分类别业务成本管理

（1）电网企业监管业务成本管理。输配电监管业务成本管理，强化了资产全寿命周期管理，积极适应输配电改革要求，保障了电网可持续健康发展。

1）资产形成前期成本管理。资产形成前期成本管理包括发展规划、可研评审、投资能力测算、投资安排等工作，对资产形成的投资成本和未来运营成本具有决定性影响，是成本管理的关键环节。

2）资产形成过程成本管理。资产形成过程包括工程建设、招标采购、物资领用、工程结算、竣工决算等工作，是成本管理的重要环节。

3）资产运营期间成本管理。资产运营期间成本主要包括购电成本、输配电成本、管理费用、财务费用等。各级单位应适应监管要求，加强成本集约、规范、差异管控，优化成本总量与结构安排，夯实核价成本基础。

4）资产退出成本管理。全面应用资产全寿命周期管理，定期更新设备运行状态、维护检修等管理信息，开展资产经济寿命周期评价，进行资产更新改造和退役方案决策。

根据资产状态评估结果对退役资产作出甄别，并进行技术经济评估，根据评估结果选择再利用、转为备品、评估转让或报废处理等处置方案。规范退出资产的再利用、报废处置回收及处置评估工作。

（2）电网企业非监管业务成本管理。非监管业务成本管理按照市场化导向配置资源，对金融、国际不同性质的业务实施差异化管理。

产业单位推行成本领先战略，利用有效的成本控制增强市场优势、提高盈利能力、提高企业核心竞争力。提升成本精益管理水平，在采购、设计、研发、生产、销售、服务等多个环节消除无价值的活动，提高价值创造能力，达到降本增效的目的。

金融企业的定位在于服务行业，加强对保险赔付率、服务佣金率、工资薪酬等成本要素的管理，提高业务的市场竞争力和盈利能力；同时，落实国家金融监管的要求，提升成本管理依法合规的水平。

国际业务单位结合所在国家和地区的法律法规与监管准则，构建符合监管要求、面向市场的成本管控机制，将成本与效益紧密结合，确保国际业务稳健运营。

第二章　企业精益化成本管理先进理念与典型案例

第一节　精益化成本管理先进理念

一、标准成本管理

1. 标准成本管理的内涵

标准成本是指在正常的生产技术水平和有效的经营管理条件下，企业经过努力应达到的产品成本水平。标准成本管理是指企业以预先制定的标准成本为基础，通过比较标准成本与实际成本，计算和分析成本差异、揭示成本差异动因、实施成本控制、评价经营业绩的一种成本管理方法。

2. 标准成本管理的应用

（1）应用目标。企业应用标准成本管理的主要目标，是通过标准成本的制定、执行、核算、控制、差异分析等一系列有机结合的环节，将成本的核算、控制、考核、分析融为一体，以提高工作效率，不断改善成本状况。

（2）应用环境及程序。标准成本管理一般适用于产品及其生产条件相对稳定，或生产流程与工艺标准化程度较高的企业。一般按照准确制定成本标准、依据实际成本资料计算实际成本、计算实际产量的标准成本，以及比较标准成本和实际成本等程序进行。

标准成本管理的实施步骤如下。

1）准确制定成本标准。参照历史成本资料和采用专门技术方法，制定出单位产品的标准成本。

2）依据实际成本资料计算实际成本。根据产品生产过程中实际成本的发生情况计算产品的实际成本金额。

3）计算实际产量的标准成本。依据产品的实际产量和单位标准成本计算实际产量的标准成本，将其作为未来成本比较的标准。

4）比较标准成本和实际成本。算出成本差异并分析原因。通过比较产品实际产量的标准成本与实际成本之间的差异，算出产品成本差异金额，并分析各成本项目对成本差异的具体影响金额。

3. 实施标准成本管理的意义

（1）促进成本精益化管理。实行标准成本管理，按照“规范先行、全面覆盖、科学制定、标准统一”的原则，预测成本需求、编制成本预算、控制成本支出、分析成本差异、优化作业活动，能够加强事前、事中、事后的全过程成本管理，实现企业生产成本费用支出标准科学、过程可控、信息可比、投入有效。

（2）推动业财融合发展。以往实际工作中，财务成本管理与生产经营作业存在相互脱节的状况。财务人员重点在于后端核算，根据成本总额实施监督，难以准确把握项目安排的经济性和成本支出的合理性。业务人员精通工程造价和业务处理，对总成本支出的概念和宏观把握不足。建立标准成本体系、实行标准成本管理，较好地推动了业务和财务的有机融合，便于掌握企业整个生产经营管理活动、成本安排及资金需求状况。

（3）提高预算编制的准确性。按照标准成本理念建立起来的标准，使企业能够综合掌握企业的发展动向，详细地了解企业的各项经营信息，为此解决了过去在预算管理中对历史成本的盲目参照的问题，加快固定预算向零基预算的过渡进程。通过零基预算管理消除历史成本中的不合理因素，确保成本耗费水平公平、科学、合理。

（4）推动标准成本常态化管理。充分重视成本管理的重要性，加强制度建设，把标准成本管理当作常态来抓；明确各部门、各单位的责任和权限，做到权责清晰、责任分明、细分到人；建立有效合理的标准成本考核机制，使标准成本的执行情况与员工本身的利益联系在一起，充分调动全员的主动性和积极性，保证标准成本合理科学的实施。

（5）推动信息化建设步伐。完善的信息系统是实施标准成本管理的支撑和保障：一方面要不断提高信息化水平，进行资源整合，实现各个财务系统互联互通、数据共享；另一方面，要构建完善的安全保障体系，保证财务信息系统的安全运行，防止泄密风险的发生。

二、目标成本管理

目标成本管理是对目标成本进行的管理，是目标管理在成本管理方面的体现。通过不断改进产品与工序设计来降低成本，实现企业效益最大化。

1. 目标成本管理的内涵

目标成本管理即在一个公司的预算的基础上，依照公司的运营目的，于成本的三个方面，即预测、决策、目标成本的根基之上，实行目标成本的一系列管理方面的工作，包括成本分解、目标考核等。

目标成本管理是公司进行目标成本控制，保障公司的效益稳定上涨的管理基石。制定恰当的目标，并把目标细分，把公司的每一个部门、环节形成一个统一整体，全力完成企业目标总成本。目标成本管理有效地控制消耗、降低成本、提高效益，增加企业的竞争能力。

2. 目标成本管理的实施步骤

目标成本管理的流程主要包括以下几个重要阶段。

（1）目标成本的制定。编制目标成本是通过科学的方式，针对未来不同情形下的成本水平实行预算，明确目标期内产品的损耗及每个产品的成本。具体办法包括根据市场价格倒推出目标成本，根据标准成本调整目标成本，按照本量利方法确定目标成本。

（2）目标成本的分解。目标成本的分解是目标成本管理不可或缺的条件之一，分解横纵相交的目标成本管理系统。横向是将目标成本恰到好处地分给到每一个部门，变成各部门的责任成本，每个部门则是目标成本的责任主体；纵向是将目标成本依照作业流程实行细分，成为各生产周期的成本线标杆。

（3）目标成本的控制。目标成本的控制是目标成本管理的核心阶段，对目标成本合理的分解是控制的基础。目标成本的控制是指在项目成本形成的过程中，为了降低成本，达到预期的成本目标，所进行的预测、计划、实施、核算、分析、考核等一系列活动，包括事前控制、事中控制和事后控制。

（4）目标成本的分析和考核。目标成本解析包括事前、事中和事后三方面，分别是目标成本的事前、事中和事后控制的依据。依照相关资料分析，根据目的负责制的规定对每一层的负责者实行考核，为增强目标成本管理营造良好的环境。

3. 实施目标成本管理的意义

（1）适应市场环境的变化。目标成本法是市场导向的控制方法，让企业成本控制更适应市场环境的变化，满足竞争的需要，目标成本是由市场价格减去目标利润，从而倒推出来，成本与市场价格直接相关，因此是一种基于“市场”的成本控制方法。

（2）降低成本，提高经济效益。实行目标成本管理是企业降低成本，提高经济效益的有效途径。对于企业发展而言，想要提高自身的经济效益，关键是进一步降低生产过程中的投入消耗，并持续增强产品的质量。目标成本管理能够有效实现以上双重目标，所以对于企业而言，想要取得经营效率和发展质量的提升，有必要进一步加强内部的目标成本管理水平。

（3）提升经营管理的效率。要进一步提升经营管理的效率，有必要科学开展目标成本管理。目标成本管理是一种综合、全面、系统的成本管理方法，它明确了企业各部门及员工的责任，从而优化内部管理的水平，进一步增强企业的盈利能力。科学规范地推动实施目标成本管理，对于提升企业的管理水平、产品质量、生产效率等都有着较大的帮助，能够令企业增强组织能力，提升各个环节的流转效率，从而促进增产、增效，提升竞争力。

4. 目标成本管理与传统成本管理的比较

目标成本管理法不同于传统成本管理法，传统成本管理法也叫“历史成本法”，主要强调事中控制，通常是公司管理人员凭借经验在历史成本基础上进行预测调整，主要依赖于管理人员的管理水平、历史经验及企业历史成本数据，易造成以往年度不合理成本支出的继续存在。而目标成本管理法主要是依靠市场竞争驱动，通过合理预测产品竞争价格来确定成本。

目标成本管理法注重通过产品流程设计，减少不必要的环节和浪费，达到削减成本的目的，强调成本管理应当全员、全过程。传统成本管理法关注的是浪费和低效，并仅局限于成本核算人员和管理层。

三、作业成本管理

1. 作业成本管理的内涵

作业成本管理（Activity -Based Costing Management，ABCM）以提高客户价值、增加企业利润为目的，基于作业成本法的新型集中化管理方法。它通过对作业及作业成本的确认、计量，最终计算产品成本，同时将成本计算深入到作业层次，对企业所有作业活动追踪并动态反映，进行成本链分析，包括动因分析、作业分析等，为企业决策提供准确信息；指导企业有效地执行必要的作业，消除和精简不能创造价值的作业，从而达到降低成本、提高效率的目的。

作业成本管理涉及资源、作业、成本对象、成本动因四大核算要素。其中资源、作业和成本对象是成本的承担者，是可分配对象，在企业中往往具有比较复杂的关系；成本动因则是导致生产中成本发生变化的因素。

2. 作业成本管理的实施步骤

（1）作业调研。目标是详细了解企业的经营和作业过程，理清企业的成本流动次序和导致成本发生的因素，了解各个部门对成本的责任，便于设计作业以及责任控制体系。

（2）作业认定。作业往往分散在企业的组织结构中，随着企业的规模、工艺和组织形式的不同而不同，认定作业可采用以下三种方法：一是绘制企业的生产流程图，将企业的各种经营过程以网络的形式表现出来，每一个流程都分解出几项作业，最后将相关或同类作业归并起来；二是从企业现有的职能部门出发，通过调查分析，确定各个部门的作业，再加以汇总；三是召集全体员工开会，由员工或工作组描述其所完成的工作，再进行汇总。第三种办法有助于提高全体员工的参与意识，加速作业成本管理的实施，而前两种办法可以较快取得资料，准确性高，不会对员工造成干扰。

（3）成本归集。各类的资源成本在发生时，已由传统会计进行了记录，反映在应付工资、应付账款、存货等日记账中。在本步骤中，通过现有的计量指标直接进行分配的方式找出与各项作业相关的资源成本。而后，根据作业的类型和资源成本的性质来确定成本动因。

（4）建成本库。一旦选定作业成本动因后，就可按照同质的成本动因将相关的成本归集起来。每个成本库可以归集人工、直接材料、机器设备折旧、管理性费用等，如从事设备调整的人员的工资、福利，调整所用的物料、工具的损耗等。有几个成本动因，就建立几个成本库。

（5）设计模型。在对企业的运作进行充分了解与分析的基础上，设计企业的作业成本核算模型，主要确定企业资源、作业和成本对象，包括他们的分类，与各个组织层次的关系，各个计算对象的责任主体，资源作业分配的成本动因，资源到作业的分配关系，作业到产品的分配关系建立。

（6）应用软件。作业成本管理需要比传统会计更丰富的信息，这些信息建立在大量的计算上。因此作业成本的实施离不开应用软件工具的支持，软件工具有助于完成复杂的核算任务，有助于信息进行分析。作业成本软件系统提供了作业成本核算体系构建工具，可以帮助建立和管理作业成本核算体系，并完成作业成本核算。

（7）运行分析。在建立作业成本核算体系的基础上，输入具体的数据，运行作业成本计算软件。对作业成本的计算结果进行分析与解释，如成本偏高的原因、成本构成的变化等。

（8）持续改进。对作业成本管理过程中发现的问题采取相应措施，持续改进作业成本管理效果，如考核组织和员工，重塑企业生产经营流程，消除不增值作业，提高增值作业运行效率等。

3. 实施作业成本管理的意义

作业成本管理将作业作为企业成本管理的起点和核心内容，而传统的成本管理重点则以企业商品或劳务为中心，作业成本管理相对于传统成本管理是一次质的飞跃。作业成本管理对企业经营管理的作用主要表现在以下几个方面。

（1）适应新经济技术环境客观要求。随着全球经济一体化和资本国际化进程的加快，科学技术朝着信息化方向迅猛发展，市场需求的多样化、个性化，现代企业商品生产过程的自动化、信息化，以及制造系统的复杂化是当前不可逆转的大趋势。在这种新的经济技术环境下，若继续采用在商品成本中占比越来越小的直接人工去分配占比越来越大的制造费用的方法，必将导致商品成本信息的严重失真，进而误导企业的战略决策。

（2）有利于加强成本控制。作业成本管理则以作业成本为对象，以每一作业的完成及其所耗资源为重点，以成本动因为基础，及时、有效地提供成本控制所需的相关信息，从而可极大地增强管理人员的成本意识，并以作业中心为基础设置成本控制责任中心，将作业员工的奖惩与其作业责任成本控制直接挂钩，充分发挥企业员工的积极性、创造性与合作精神，进而达到有效控制成本的目的。

（3）有利于提高商品的市场竞争能力。作业成本管理能很好地适应现代企业在激烈的市场竞争中的发展需要，从起始就特别重视商品设计、研究开发和质量成本管理，力求按照技术与经济相统一的原则，科学合理地配置相对有限的企业资源，不断改进商品设计、工艺设计及企业价值链的构成，从而提高企业商品的市场竞争能力。

4. 作业成本管理与传统成本管理的比较

在作业成本法下，作业被视为费用发生与成本产生的中介，成本的形成直接与作业相关。传统成本法认为成本分配的决定性动因是数量，这使得成本的产生与核算过程被大大简化，事实上数量成本动因可能既与资源成本无关，也与作业对象无关。

综合对比作业成本管理与传统成本管理，总结如下：

（1）从成本管理的核心看，作业成本管理是利用企业经营过程中发生的作业所提供的信息，将成本管理的起点与重心从“商品”转移到“作业”的一种方法，作业成本管理法下，成本管控的重点被放在了“作业”而非“商品”上。

（2）从成本管理方法看，作业成本管理是对传统成本管理的批判性继承和发展，这可以用本量利分析法进行说明。传统成本管理法下，依据成本是否因为产量的变动而变动将成本划分为变动成本与固定成本，作业成本管理则用作业动因对企业的成本性态进行分析。作业成本法认为在高技术环境下，企业的间接费用可以分成长期变动成本、短期变动成本与固定成本，这种划分与产量的多少没什么关系，只是与生产经营中的作业有关。由此可见，与传统成本管理相比，成本性态在作业成本法下增加了与作业量成比例变动的变动成本。

（3）从成本管理系统看，传统成本管理方法中使用者认为企业发生的绝大部分成本都由固定成本和变动成本组成。数量在这里具有十分重要的含义，成品数量或者其他和产品产量相关的动因就可能是成本唯一重要的作业动因，比如人工工时、机器工时等。在传统成本管理方法下，企业产品的分配往往并不是因为动因的唯一性，很多情况下企业产品成本的分配基本上等同于分摊。传统成本的控制实则是对各部门进行成本分配，并要求本部门负责人对被分配的成本指标进行控制。传统成本管理方法对成本控制的考核就是将部门成本实际发生情况与预算指标的下达情况进行分析比较，将管理的重点主要放在财务性指标上，并针对成本责任部门或个人进行考核。传统成本管理法下的这种管理方式可以实现各责任中心的业绩最大化，实现企业组织绩效的最大化目标。作业成本管理强调的是作业管理，包括的内容有动因分析、作业分析以及业绩评价，它关注的是生产经营中的作业责任，是企业的整体业绩而非个别业绩的最大化。

作业成本管理与传统成本管理相比具有更为强大的生命力，更能促进企业经营管理水平的提高。

四、精益成本管理

1. 精益成本管理的内涵

从内涵上来看，精益成本管理是一个履行企业控制能力的责任系统和价值创造系统，该系统融合了企业经营环境中所有影响因素，运用相关技术成果和先进的管理手段，深化了成本管理的对象和范畴，让成本管理贯彻企业价值流变动的始终，使其对企业经营更具有参考价值。精益成本管理强调对业务过程实施有效的分层控制，转变固有的成本管理观念，有针对性地推行以维持、改善与创新为特点的成本管理模式，通过提升企业成本管理水平，以实现企业价值最大化。现代企业的竞争越演越烈，国内外市场需求趋于稳定，竞争者或潜在市场进入者只能在原有的市场“蛋糕”中争抢份额。在此情况下，谁最能满足客户需求，为客户创造有价值的产品，谁就能在市场的竞争中立于不败之地。为了实现“客户创造价值”的目标，在信息技术不断发展的背景下，产品的竞争已演变成企业整个供应链之间的比拼。当所有企业都不再是独立存在的个体经营，而是以一个密不可分的整体在运转，每个企业成本都随着这个整体成本管理流程的优化而降低，企业的竞争力会得到增强。

2. 精益成本管理的要素分析

在精益成本管理思想下，成本的计算不再是以往的“加法”，而是在销售市场上购买者能接受的价格下，减去企业所必需的利润后，剩下的就是企业能用于生产的成本。在客户需求的拉动下，生产成本与消费者之间的价格矛盾逐渐转化为降低成本的内部管理矛盾。精益成本管理的核心是以价值为导向，分析产品价值流，识别出真正能创造出客户可以接受的价值的行动，强调全员共同参与，全过程、全方位的管控，以消除生产中的浪费，不断进行成本改善，最终实现成本降低。具体要素分析如下。

（1）成本规划。成本规划往往存在于产品设计阶段，产品各环节所需成本的百分之八十能在最初的设计中确定下来。虽然从产品成本的组成结构上看，设计环节产生的成本仅占产品成本的百分之五左右，但成本控制效果的实现很大程度上依赖产品设计，根据市场对产品价格和质量需求，对各个产品价值创造流程进行分析，让成本管理更具经济性与合理性。

（2）成本控制。成本控制的实现需要依靠企业全面预算管理，在各个生产环节将实际成本与目标成本进行对比分析，实时掌握作业点成本的变化对产品总成本的影响，以高效的管理方式进行成本考察和评价，消除企业资源的浪费、挖掘成本潜力、提高生产能力和效率，从而降低企业成本。这一过程，需要企业全员参与，切实将精益化的作业活动运用到企业经营发展中。

（3）成本改善。精益成本管理改进了传统成本管理中原有成本控制的过程，创造性地提出了成本改善的概念，将其定义为更契合实际成本的成本降低活动。成本改善法强调改善的可持续性和有效性，要求彻底消除生产制造过程的不合理费用支出，以降低经营生产成本。浪费几乎存在于所有制造企业的生产经营过程中，如生产要素过剩、超额生产、不合理的搬运作业和过多的产品库存等，当浪费积少成多时，就会对企业的正常生产经营造成负面影响，与国家提倡的绿色经济和绿色生产的要求不相符合。因而精益成本管理作为一个强调生产过程中减少浪费的成本管理方法，有利于企业在新时代发展背景下，寻求新的发展机会。

3. 精益成本管理的支持工具

（1）现场改善。现场改善指对工作场所的所有要素进行改良和优化，以提高效率、质量及降低成本的活动。现场通常是指企业进行具体生产制造的场所。而现场改善则是对现场管理和流程进行升级改造的过程，是进行精益生产的基础，它的主要目标是提高质量和作业效率、减少浪费、改善现场布局和减少人力资源占用，主要方法有 6S 管理[1]、看板管理、标准化管理和目视化管理等。现场改善活动对全体人员的工作行为进行规范，通过改善办公环境，提高工作效率，降低现场不增值作业浪费，是保证精益成本管理有效展开的基础。

（2）TPM 管理。TPM（Total Productive Maintenance）管理，即全员生产维修，20 世纪 70 年代起源于日本，是一种全员参与的生产维修方式，其核心在于“生产维修”及“全员参与”上。通过建立一个全系统员工参与的生产维修活动，使设备性能达到最优。

对于机械制造企业而言，自动化生产机器关系着生产的命脉，只有保证生产设备的高效运转，降低其停工等待的时间成本，才能最大效用的实现机器和消耗的资源所带来的价值提升。TPM 管理就是以提高生产机器的综合使用效率和效果为目标，强调全员参与的日常预防活动为主，通过以小组为活动单元，共同来进行设备保养和维修管理。当企业切实运用 TPM 管理进行设备管理时，能有效降低机器的报废率和维修成本，还能减少可能发生的重大安全事故，保证生产现场的有序运行。

（3）信息管理系统。随着现代信息技术的不断创新与发展，企业越来越多地将信息系统运用在生产指令的下达、出入库计划的制订和实施、产品质量维护的记录、绩效考评等日常经营管理的各个方面。中国制造企业的信息技术在改革开放后，其发展速度十分迅猛，大量应用于制造企业的现代化系统层出不穷，资源计划系统（Enterprise Resource Planning, ERP）和制造执行系统（Manufacturing Execution System Association, MES）等多样化的管理信息系统应运而生。ERP 是

[1] 6S 管理制度起源于日本的一些企业，即整理（Seiri）、整顿（Seiton）、清扫（Seiso）、清洁（Seiketsu）、素养（Shitsuke）、安全（Security）。

一种系统化的企业资源管理系统，利用企业能力来进行资源的整合与分配，通过将生产系统、财务系统和物流仓储等系统集成，实现企业内部的高效运转，让企业资源能在最合适的条件下发挥最大的价值。MES 是一种运用于生产部门的信息化管理平台，能实现企业生产活动的分层管理，将制造成本数据的收集、生产计划的下达与执行、库存的实时管控、设备使用情况的监控等都囊括其中，为企业精细物料成本的管理、生产能力的分析、工艺路线的改进等提供了可靠的信息数据的支撑。

4. 精益成本管理与传统成本管理的比较

精益成本管理思想与其他的传统成本管理理论相比而言，其主要区别如下。

（1）精益成本管理能提供更具时效性、全面性、系统性和精细化的成本数据。很多成本管理理论是基于在生产分工作业上形成的，使得成本工作具有很明显的分化性，管理流程脱离了企业业务和生产流程，无法根据成本发生的动因来提供精准的成本信息。而精益成本管理依靠先进的信息系统和管理工具对生产经营流程进行了改进，使组织在制造成本、产品质量、工作效率等关键指标上获得显著提高，能实现成本事前规划、事中控制及事后分析，能让成本管理创造更大的经济效益。

（2）精益成本管理运用集成管理理论和信息技术这一现代工具，把企业战略的制订、经营环境分析与成本管理有机地联系起来，改变了传统成本管理仅能提供成本控制数据的弊端，使组织内的各种信息流与生产、决策及人员整合成一个高效的集成成本管理系统，对与产品相关的所有费用进行较精确的估算，共同构建一个实时的管理模式。

（3）精益生产方式下的成本管理将精益思想与成本控制相结合，贯穿企业生产至产品送到客户中所有环节，实现全方位控制企业供应链和价值链成本。价值链的整体管理思想，能更全面和系统地降低成本费用的消耗，提高企业的生产经营效率，加强对产品质量的把控，达到企业总成本最低的目标。

5. 精益成本管理在制造行业的应用特点

精益生产成本管理的核心目的是通过改善流程、提升质量、减少浪费，用最高效的成本费用支出来创造产品价值，以此提高企业在市场中的竞争优势。我国现在除汽车生产企业外的其他制造型企业也开始逐步探索精益成本管理，革新企业的成本管理理念和方法，寻求更有效的成本控制途径。精益成本管理存在以下四个应用特点。

（1）以目标成本管理为基本管理思想。精益生产在企业成本管理运用的关键因素是目标成本管理，即企业通过对营销市场和竞争环境的深入分析，对本企业的产品进行准确的市场定位，并划分相应的目标客户，由产品的市场价格和企业的目标利润来倒推出企业在生产经营中要设定的目标成本值，以用于成本管理中。制造业企业的目标成本管理是基于对自身经营情况和技术水平能力的基础上，进行成本的预测与规划，通过流程的层层剖析，发现需要重点关注的成本控制点，通过实行准时化生产（Just In Time, JIT）来确定目标成本。

（2）以作业成本法为成本管理的基本方法。制造业企业的生产工艺复杂、生产流程繁琐，为了能对企业成本实施全面的管理，了解每个成本项目产生的原因，需要对各个生产环节进行作业动因分析，将成本管控的关键点落实在各作业点上，进行精益化管理，并将实际成本与作业目标成本进行比对，发现成本管理漏洞，从而找到降低的成本的方法。

（3）实现准时化生产的成本管理。企业成本管理的最终目标是通过对生产流程和操作的不断改善来减少生产浪费，同时减少生产现场的原材料堆积和库存产品。依靠下一道工序的拉动力来下达生产计划指令，保证原料和生产线上的半成品都能在最少的等待时间里进入下一个生产部门。简单来看准时化生产就是要求企业生产要利用最精确的时间、下达最准确的生产数量和制订最合理的内部流通路线，以避免生产环节中发生因超时或等待所产生的浪费。准时化生产对于大批量生产的制造业企业来说尤其重要，能减少产品停工等待、多余库存积压，以及错误换模与换型时间的浪费，提高产品供货效率。

（4）强调“拉动式”生产。“拉动式”生产的拉动力主要体现在两个方面：一是以客户需求为中心，研发和生产符合市场需求的有价值的产品；二是下达生产计划时，由下一道生产工序所需的产品类型和数量来拉动上一道生产工序的生产。这样的生产方式可以杜绝生产不合理的计划指令所带来的资源浪费，降低了因库存堆积可能导致的产品跌价、价值损耗和过度积压的风险。

五、全面成本管理

在全面成本管理理念下，需要企业对自身运营发展环节进行全流程管理。通常情况下，全面成本管理涉及的内容有三点：第一，在进行项目规划和研发环节中，做好成本预算管理工作；第二，在项目运营环节中，全面落实各项成本消耗、生产等追踪工作，极大限度地提高运营效率；第三，在营销环节中，借助运营环节中存在的成本优势，保证营销的合理性，促进项目价值提升。

1. 全面成本管理的内涵

全面成本管理（Total Cost Management，TCM）是运用成本管理的基本原理与方法体系，依据现代企业成本运动规律，以优化成本投入、改善成本结构、规避成本风险为主要目的，对企业经营管理活动实行全过程、广义性、动态性、多维性成本控制的基本理论、思想体系、管理制度、机制和行为方式。所谓“全面”包括全员、全面、全过程三个方面，亦称为全面成本管理的“三全性”。

全面成本管理是将产品的生产流程中每一个环节、每一个工艺、每一个部门，甚至生产现场每一个工位操作工，都纳入成本管理中。同时，强调成本管理的科学性与发挥全员参与改善的主动性相结合，从此来达到管理层与基层追求的一致性。推行全面成本管理体系，不但要体现“三全性”，而且要将“科学性、主动性、一致性”融入其中。因此，全面成本管理体系就是以成本管理的科学性为依据，建立由全员参与，包含企业管理全过程的、全面的成本管理体系，并汇集全员智慧，发挥全员主动性，谋求在最低成本状态下，进行生产管理与组织运作。

2. 全面成本管理的基本内容

全面成本管理在具体内容上，主要包含成本管理规划、核算、分析、控制、考核等方面。

（1）成本管理规划。制订成本管理规划的两个条件分别是企业的竞争战略和经济环境分析。成本管理规划旨在确定企业成本管理的主要方向及重点内容，具体需做好成本控制规划的主要方向和路径，由此推出精准化的成本管理计算方式，达成成本管理计算的精度要求，以最终确定企业成本评价具体目标及评价标准。

（2）成本管理核算。企业成本管理核算属于成本管理工作开展的主要内容，其具体将企业实际生产和经营发展当中所产生的多种损耗费用，依照特定的对象做好归集与分配，从而准确计算企业运营管理所产生的总体成本及单位成本等。通常企业成本管理核算需基于会计核算来开展，整个操作过程都是以货币为主要单位。

（3）企业成本分析。企业成本分析是依据成本管理核算的结果与其他资料，对企业成本管理水平和结构进行分析，研究企业成本增高或者降低所致的具体原因，并在此基础上探寻有效控制成本的分析方法和手段。

（4）企业成本控制。企业成本控制是以成本控制为具体的管理手段，通过制订和企业成本相适应的指标来进行，同时还需核算出企业产品成本降低率、成本中心控制成本等。通过此类举措真正实现对企业经济活动执行情况的控制，最终实现企业成本管理的有效性。

（5）企业成本考核。企业成本考核具体是对企业定时定期开展成本指标对比分析，具体针对企业的目标成本实现情况及成本指标的实际完成情况展开全面、深入评价与审核。其也是企业成本会计职责发挥的主要内容。

3. 全面成本管理与传统成本管理的比较

（1）传统成本管理的缺陷。

1）缺少全员成本管理意识。人们普遍认为成本管控是财务人员的职责，与其他部门和员工无关，造成其他部门与员工在成本管控中未能有效发挥作用，整个成本管控的流程比较粗糙，难以取得预计的管理成效。

2）缺少科学的激励体系。常规的成本管理形式仅是进行单一的事后核算，难以制订和成本管控目标相关联的激励体系。

3）缺乏成本管理的全面性。传统的成本管控方式无法全方位地管控成本开支，因此不能全面地改进成本管理过程，企业运营体系很难变革。

4）缺乏战略性发展眼光。公司将成本管控的重点仅置于节约成本费用方面是不科学的、不合理的，整合资源配置，确定科学的策略目标才是企业成本管控的重中之重。

（2）全面成本管理的优势。全面成本管理从理论上讲，主要来源于现代管理的原理。和传统成本管理的一些方式来比较，全面成本管理的主要关注点是对整个过程的把握和对成本的调节作用。在企业的各个部门、环节和各种经营活动，都是全面成本管理发挥作用的场所。区别于其他的成本管理方式，全面成本管理主要有以下几个突出的特点。

1）动态性和主动性。相对于事后控制的方式来说，全面成本管理更加关注生产以及经营活动之中总体上的控制以求达到企业资源的最优化。从业务运作的准备阶段，就开始进行成本管理。随后，根据不同阶段采取相应的管理方法，彻底对成本支出的管控严格收紧，区别于原有的被动管理方式。

2）连锁性和系统性。全面成本管理不仅仅是某一个部门的事情，而是需要整个企业之中所有部门与员工来整体参与。最为重要的是去树立起一个严肃的成本管理意识，从而更加主动地去在这个过程之中发挥作用。

3）广泛性和整体性。全面成本管理之中，将成本管理由狭义转为广义，更加广泛地对原有的传统成本管理方式进行了改进和提升。不仅仅是对已发生成本，对可能产生的成本管理也更加严格。这样的管理方式从源头上具有极大的可控性，因此对企业的整体发展和风险防控等方面都有很大的帮助。

六、战略成本管理

1. 战略成本管理的内涵

战略成本管理作为企业成本管理与发展战略相融合的产物，是一项高层级的成本管理工作，是管理会计理念的进一步发展。在这种理念的作用下，可以把企业成本管理和企业今后发展相结合，预测和评估企业长远发展标准，并非落实短期经济效益目标。

企业战略成本管理就是将成本管理置身于战略管理的广泛空间，从战略高度对企业及其关联企业的成本行为和成本结构进行分析，为战略管理服务。具体有以下几点。

（1）战略成本管理的实质是获得竞争优势。战略成本管理其实质是要通过战略的制订与实施，形成企业的竞争优势，创造出企业核心竞争力。战略成本管理突破了传统成本管理中为降低成本、提高效益而进行成本管理的单纯目标。企业进行战略管理考虑的首要问题是企业如何在市场竞争中立于不败之地，以取得持续性的竞争优势。

（2）战略成本管理是一个成本管理系统。战略成本管理是基于战略管理而提出的。其理论和方法日益成熟，并在企业管理实践中广泛应用。从本质上看，它仍然是一个成本管理系统，是对传统成本管理的发展，只不过是要对传统的成本管理系统进行战略意义上的拓展，从战略的角度审视和实施成本管理，以适应管理环境的变化。

（3）战略成本管理是一个决策支持系统。战略成本管理是以企业的战略为核心展开的，将成本信息的分析与利用贯穿于整个战略管理循环，为战略管理的每一个关键步骤提供战略性的成本信息，以帮助、支持企业选择和实现正确的战略，获得持续的竞争优势。成本管理信息是企业进行管理时有关成本等信息的集合。战略成本管理信息系统不仅包括有关成本收益的财务信息，还包括关于生产率、质量和其他影响企业成功的关键性非财务信息。为了赢得竞争胜利，企业必须关注长期因素。一个企业要竞争胜利，需要关注企业经营业绩的非财务指标和长期指标。因此，战略成本管理信息系统应该包括企业财务的、非财务的、短期或长期的综合信息系统，是财务信息和非财务信息的集合。

2. 战略成本管理的目标

（1）战略成本管理目标应服从于战略管理目标。战略管理目标是企业通过战略管理活动所要实现的结果。从战略管理活动本身去考察，我们不难发现，战略管理的整体目标就是要形成企业的竞争优势。战略成本管理作为战略管理的一个决策支持系统，其各项活动的开展应该有助于战略管理目标的实现。因此，从这个角度讲，战略成本管理的目标就是要借助成本管理的基本功能去赢得并保持企业的竞争优势。

（2）战略成本管理目标要符合成本管理系统自身的功能性特征。成本管理系统自身的基本功能就是产生和利用成本信息，以满足决策者的管理需要。尽管战略成本管理是在传统成本管理系统的基础上，按照战略管理的要求而发展起来的新的成本管理系统，但其基本的功能并没有改变。战略成本管理的基本目标就是为决策者提供有利于决策的战略性成本信息。

（3）战略成本管理的终极目标应该落实在企业成本的持续降低上来。企业在不同时期，要实现和维持竞争优势，所采取的成本管理目标、方法和手段是不同的。从企业的整个生命周期来看，战略成本管理目标的定位主要还是追求成本的持续降低。这也正是战略成本管理与传统成本管理具有竞合性的一面，只不过战略成本管理更强调在企业内部营造一种有利于成本持续降低的环境。

因此，战略成本管理的目标就是通过战略性成本信息的提供与分析利用，以促进企业竞争优势的形成和成本持续降低环境的建立。

3. 战略成本管理与传统成本管理的比较

（1）战略成本管理与传统成本管理的目标。不同传统成本管理中，企业主要通过降低产品成本或增加产品产量来实现低成本，围绕企业利润最大化，以最大限度地降低产品成本为目标。战略成本管理是从企业所处竞争环境出发，通过战略的制订与实施，形成企业的竞争优势，创造出企业的核心竞争力。在战略成本管理中，企业一方面要降低产品成本注重避免生产过程中无效成本的耗费，另一方面为了取得长期的竞争优势，企业可能也会适当增加某些产品的成本。

（2）成本管理的观念不同。传统的成本管理是一种追求短期利益的战术成本管理，它局限于简单狭窄的成本管理观念，以事后的成本分析为主，是一种静态的成本管理，具有很大的被动性。战略成本管理注重时间价值和空间价值的获取，以确立最佳的竞争成本，取得最佳的经济效益。战略成本管理在注重短期利益的同时，更关注企业的长期竞争优势，采用多种方式保持企业的成本领先。战略成本管理还全面考虑各种潜在的机会，分析各种机会成本，以增加企业的价值，提高企业的盈利。换言之，战略成本管理通过将企业战略层面与制造层面、企业成本的有形因素和无形因素等结合起来进行分析，全方位、完整地看待成本管理问题。

（3）成本管理的对象不同。传统的成本管理主要以人工工时、人员工资及原材料消耗定额等为成本管理的对象，缺乏对环境的应变性，没有考虑风险对成本管理的重要影响等。战略成本管理则注重开放型、竞争型的市场环境，注重行业的价值链、企业本身的价值链和竞争对手的价值链分析，结合市场环境从成本动因出发考察成本管理。从战略成本动因来考虑成本管理，要求企业从掌握适度的投资规模、开展市场调研、制订合理的研究开发政策，以及合理的人力资源配置等方面着手来降低产品成本，控制各种今后可能出现的潜在成本，并且通过对所处环境的正确分析和判断，预测和控制已经出现与将会出现的各种风险。

（4）成本管理的环境与信息源不同。传统的成本管理主要是围绕降低成本进行管理与控制，其所面临的环境主要是企业内部因素，或者说是以内部环境为主兼及外部因素。战略成本管理则是以外延性和长期性为特征的，其所面临的更多的是外部环境。面对激烈的竞争，战略成本管理者不仅关心企业的历史成本和利润，而且开始重视企业的未来收益，以及与未来收益相关的各种成本观念。在成本信息的利用上，战略成本管理区别于传统的成本管理在于它服务于战略管理，依据技术与经济的结合从微观上提供各种有用的战略成本信息；在宏观上，注重研究国家的成本方针与政策，把握各种有关的成本信息资料。战略成本管理在提供价值信息的同时，还提供了大量的非价值信息。

七、全生命周期成本管理

20 世纪 60 年代初期，美国国防部为了控制国防经费，使物资的采购成本，以及在购买后整个使用期间的使用成本和废弃处置成本尽可能降低，由此产生了产品生命周期成本的概念。产品生命周期成本指在企业内部及其相关联方发生的全部成本，包括产品策划、开发、设计、制造、营销与物流等过程中的产品生产方发生的成本，消费者购入产品后发生的使用和维护成本，以及产品的废弃处置成本。20 世纪 70 年代起产品生命周期成本作为一种管理会计实践，开始由军事工业向民用工业倾斜。企业为了取得竞争优势，力求使用户的使用、废弃处置成本尽可能降低，因而越来越重视全生命周期成本。这一概念体现了企业作为社会中的经济细胞所承担的社会责任，符合可持续发展的观念。产品生命周期理论的产生促使企业从产品开发和设计的源头上控制产品的成本，逐步形成了成本设计的方法体系。

1. 全生命周期成本管理的内涵

在战略成本管理环境下，企业以目标成本管理和作业成本管理等理论为指导，对产品从设计开发、供应链、生产、销售、售后使用到废弃等一系列有关活动的成本信息进行采集、分析、考核和评价，建立全面成本管理体系、寻求最优的产品生命周期总成本，以获取或者保持企业长期竞争优势。

全生命周期成本（Life Cycle Cost，LCC)，是指设备或系统从生产到报废的使用时间内产生的所有费用总和。针对本文的论述内容，生命周期主要是指设备的经济生命周期，与设备或系统的物理、功能和法律等方面的生命周期无关。一般来说 LCC 包括了设计成本、制造成本、销售成本、使用成本、维修成本和回收报废成本。

全生命周期成本管理是以全生命周期成本的优化为目标，以可用率和总费用为约束条件，对全生命周期的各阶段进行统筹和优化管理，以得到最优的全生命周期成本的一种管理方法。所以全生命周期成本管理是全生命周期管理的一个重要组成部分。

2. 全生命周期成本管理的基本方法

从经济角度考虑，建设项目的全生命周期应选经济寿命。通常在对项目全生命周期费用分析时，采用经济寿命作为建设项目全生命周期（计算分析期）。全生命周期成本管理方法可以分为 LCC 分析、LCC 评价和 LCC 管理。

（1）LCC 分析。LCC 分析是对 LCC 各组成部分的识别、量化，并建立费用相互关系和确定各部分对总费用的影响。它重点着眼于在建立合理的费用结构和单元，它们既不能重复又不能遗漏，且需符合分析的目的；建立各种费用估算关系式和费用模型；研究不定性的处理等。LCC 分析可用在寿命周期各阶段。它可为新研制设备的分析及改进提供各种信息。

（2）LCC 评价。LCC 评价是指在进行方案投资决策的过程中，运用 LCC 方法进行权衡的做法，它着重于权衡、评比上。由于工程项目 LCC 在非常大的程度上受工程方案的可靠性、维修性和维修保障影响，因此，主要是在可靠性、维修性、维修保障系统费用及使用维修费用之间的权衡。实践表明，可靠性等早期投资能收到十倍甚至数十倍的报偿，大幅度地减少了寿命周期后期费用，所以

LCC 评价法可以应用在寿命周期的各个阶段，且越早进入收效会越大。

（3）LCC 管理。管理是一个十分宽泛的概念。它的职能包括计划、组织、指挥、协调和控制等。因此在推行 LCC 方法的过程中，为追求最小的寿命周期费用，运用管理职能的诸项工作都属于此内容。

3. 实施生命周期成本管理的意义

（1）有助于企业的定价决策。传统的成本会计核算仅重视产品在生产制造阶段的成本。在现代经济社会里，仅关心产品的生产成本显然是不够的，应当从战略的角度对产品生命周期内发生的成本进行统一核算。产品生命周期成本对定价决策具有指导性的意义。企业的成本管理系统应将产品生命周期的每一阶段的成本进行归集，制订出合理的产品价格，确保产品生命周期内收回成本，并为企业提供合理的利润。产品生命周期成本的定价策略不仅补偿了制造产品的直接成本，而且还弥补了开发和衰退阶段的成本。因此对企业的定价决策具有指导性的意义。同时通过对产品生命周期成本进行核算，也要求对以前的成本核算系统进行创新，使得新的成本核算系统有助于对产品生命周期成本进行核算、分析以及评价。

（2）有助于管理者更加关注长期收益和潜在收益。改变在传统成本管理模式下仅仅关注产品制造过程的成本的观念，将对成本的理解扩大到产品开发设计阶段和顾客使用阶段，克服短期行为的管理倾向，使得产品能够长期形成盈利。同时使企业意识到产品生命周期内的社会责任成本，有助于提高企业对社会的责任感。有利于企业通过分析所处环境、行业特点和竞争对手来判断是否应该进入市场，是应该扩大生产还是应该急流勇退；有利于企业在产品不同的生命周期阶段作出积极的反应和投资决策，企业可以将处于不同周期阶段的产品组合，实现收益长期性的优化、均衡；有利于企业根据产品全生命周期成本各阶段的分布情况，确定成本监督控制的主要阶段。

八、质量成本管理

1. 质量成本管理的内涵

质量成本管理指企业对保证和提高产品质量的成本，有组织、有系统地进行预测、决策、计划、反映、控制、分析和考核等一系列的科学管理工作。其基本要求是对质量成本进行全员的、全要素的、全过程的管理。作为一个系统工程，质量成本管理要动员企业各方面的力量，结合企业的实际情况并考虑消费者的需求，科学测定质量成本，对各种可供选择的方案正确分析评价，进行质量成本的最优选择，编制质量成本的实施计划，在计划执行过程中，如实加以反映并对出现的偏差进行具体分析和控制；最后根据执行结果给予相应的奖惩。从而最大限度地调动员工的积极性，努力挖掘降低成本的潜力，做到质量成本的全面管理。

2. 质量成本管理的原则

（1）全员参与质量成本管理。根据全员参与财务成本和全面质量管理的要求及大质量的管理理念，要以“全员参与质量成本管理，全力进行质量成本优化，全过程落实质量成本控制，全方位实现质量成本效益”为内容开展质量成本管理活动，有效落实质量成本管理的目标规划。

（2）以寻求适宜的质量成本为目的。企业的质量成本应与其产品结构、生产能力、设备条件及人员素质等相适应，也就是说要根据本企业的特点，建立质量成本管理体系，并寻求适宜的质量成本目标并有效地控制它。

（3）以真实可靠的质量记录和数据为依据。实施质量成本管理过程中，所使用的各种记录、数据务必真实、可靠。只有这样，才可能做到核算准确、分析透彻、考核真实、控制有效。否则，势必流于形式，无法获取效益。

（4）把质量成本管理的职责明文列入各相关职能部门。质量成本管理是生产经营全过程的管理，涉及财务、检验、生产、售后服务、物资等相关部门。只有把质量成本的统计及分析纳入其质量职能中去，才能坚持不懈地开展这项工作。否则，仅靠质量部门是开展不了质量成本管理工作的。

（5）建立完善的成本决算体系。要对成本进行控制，就要对成本的核算有统一的口径，应有对人工的工时、成品的加工成本、损失成本、生产定额等有统一的核算和计价标准，这样对于质量成本的计算才能快速、及时、准确，并且可以减少相关职能部门统计数据的主观性。

3. 实施质量成本管理的意义

（1）有利于控制和降低成本。随着时代的发展，产品结构日趋复杂，用户对外观、精密度、可靠性要求越来越高，使产品质量成本在产品总成本中所占的比重不断增高。

（2）是寻求提高产品质量的一种途径。对质量成本进行分析与计算，有助于推进质量改进计划的实施，提高产品的可靠性，预防不合格产品的产生。

（3）便于管理层能掌握质量管理中存在的问题。通过质量成本计算与分析，企业的管理层能看到各项费用所占的比例，能具体了解产品质量和质量管理中存在的问题，以及对企业经济效益带来的影响。

（4）可以拓宽成本管理道路。过去，我国的成本管理实际上只是成本的事后计算，没有管理到生产经营的全过程，因此目标成本没有有效手段进行控制。引入质量成本后，对成本实施全过程的预防性控制，针对不同职能分别核算，从而扩大的成本管理的职能和工作范围，使成本管理进入一个新阶段。

九、责任成本管理

1. 责任成本管理的内涵

责任成本管理是西方责任会计和中国改革开放的实践相结合的产物，也可以说是我们吸取西方责任会计的有益经验，结合中国特色的市场经济，嫁接出来的一种现代化的管理方法。推行责任成本管理，科学合理地制订目标成本，明确成本与责任挂钩的形式，完善成本考核与收入分配的方法，是提高企业经济效益的有效途径，同时也会大大提高成本管理水平。通过推行责任成本管理，可以提高全员成本意识和成本管理水平，从而提高经济效益。

2. 责任成本管理的实施步骤

管理制度的建立是要激发、挖掘企业的生产潜力，刺激企业职工的积极性、创造性，实施过程中成本管理人员按照一定的管理程序执行。

（1）划分责任单位。责任单位是企业内部独立存在的，可以在一定的权责范围内自行控制成本发生、收益实现和资金使用的组织单位。实施责任成本管理，首先根据企业经营管理工作和行政管理体制的特定需要，在组织上确定对所辖生产经营活动承担完全经济责任的责任层次，明确划分若干责任单位。一般情况是根据该责任单位在企业整个生产经营活动中，必须具有独立的地位，能独立承担一定的经济责任，该责任单位拥有一定的管理和决策权力；该责任单位确有能力独立完成上级所赋予的各项业务经营任务，且有明确、具体的奋斗目标。

（2）规定权责范围。在事业部内部，被划定为成本责任中心的部门和单位，都应有其相对独立的经济利益。为了切实维护各该责任单位的特定经济利益，必须明确规定它们各自所应承担的经济责任和各自所拥有的经济权力。否则，责任单位就难以充分发挥生产经营的积极性和主动性，也不能真正落实经济责任和切实行使控制职能，必造成权、责、利三者相脱离。故在某产品责任成本管理合同中明确表述了各责任单位的权责范围，以保障事业部的各项生产活动沿着既定目标卓有成效地进行。

（3）确定责任目标。责任目标是有关责任单位在其权责范围内，预定应当完成的生产经营任务，是企业未来一定期间经营总目标的分解与具体化。责任成本目标必然按照层层分解、落实的原则为每一责任单位确定相应的责任目标，分配一定的责任成本指标，以使各责任成本单位了解它们在实现企业总体目标上所应完成的具体工作任务。

（4）建立数据系统。为把成本、费用数值同经济责任紧密连接起来，力求实现经济责任的制度化和数量化，必须建立健全一整套记录、计算、考核、评价责任目标（责任预算）执行情况的数据与指标体系。只有建立健全了科学的数据系统，才能有效地实施过程跟踪与控制，及时了解各责任单位生产活动的真实情况，从而为评价、考核各责任成本中心的工作业绩提供可靠依据，为实现成本数值同经济责任的有机结合创造条件。

（5）考评工作绩效。为了保证责任成本管理制度的正确贯彻和实施，必须在计量、分析有关责任单位预算实际执行情况的基础上，对它们的工作成绩和经营效果进行严格的考核和恰当的评价。只有通过工作绩效的考评，才能充分肯定各责任单位的成绩，及时发现问题，并有针对性地制订修正措施，强化成本控制，促进各责任单位做好各项经营管理工作。

（6）编制责任成本报告。责任成本报告即责任成本绩效报告，是有关责任单位在一定期间内从事生产经营活动的集中反映，也是各责任单位预定责任（责任预算）执行过程、执行结果的概括说明。通过编制责任成本报告，可以根据责任单位的特点和其他条件，按照实现企业总体目标的要求，相应调节和控制自身权责范围内的生产经营活动，不断提高经济效益。

3. 责任成本管理与传统成本管理的比较

（1）传统成本管理重在管事，责任成本管理重在管人。重视对人的激励和引导，使他们朝着有利于完成企业目标的方向发展。通过对责权利严格划分，层层签订责任成本合同，把工程项目的每一项支出与职工的经济利益联系起来，促使职工发挥主观能动性，积极探索新工艺、新方法，增效减耗，增加个人收益的同时也提高了企业的经济效益。

（2）偏重科学合理的测算和分析。传统成本管理办法偏向于主观判断，责任成本管理依据科学合理的测算和分析，更具实效性和可操作性。责任成本管理建立了数据系统，将经济责任制度化和数量化，通过建立科学的数据系统，有效地实施过程跟踪与控制，及时了解各责任单位生产活动的真实情况。

（3）责任成本管理更新了管理观念。要求对工程项目进行事前预测、事中控制、事后分析的全过程、全方位管理，责任指标细化量化，保证了企业管理的科学性和合理性；责任成本管理打破了沉寂多年的平均主义分配制度，提高了职工的积极性，真正激发了职工的主人翁意识，促进了施工手段和施工工艺的改进，对推动企业科技进步具有积极意义，是促进国有企业由劳动密集型向技术密集型转变的有效措施。

第二节 精益化成本管理典型案例

一、宝山钢铁股份有限公司（简称宝钢）的精益化成本管理案例

宝钢是我国钢铁行业中现代化的钢铁联合企业。主业是钢铁生产，不仅生产高技术含量、高附加值钢铁精品，还围绕钢铁主业的发展需求，着力发展相关多元产业，形成了资源开发及物流、钢材延伸加工、工程技术服务、煤化工、金融投资、生产服务六大相关产业板块，并与钢铁主业协同发展。经过多年的发展，宝钢不仅在国内有着不可替代的竞争优势，成为国内钢铁行业的龙头企业，并且作为中国唯一一家钢铁企业跻身于世界五百强。

宝钢之所以能有如此大的成绩，与其采取的“一体两翼”战略（以钢铁为主体，以智慧制造和欧冶云商钢铁生态圈平台化服务为两翼）有着密切关系。宝钢坚持集中力量发展钢铁，通过成本变革、技术领先、服务先行、智慧制造、城市钢厂五大核心能力增强企业综合竞争力。其中成本变革集中体现在宝钢引入国际先进成本管理思想，结合企业自身情况，建立了一套精益成本管理体系，降低成本与精益管理有机结合。

1. 宝钢的精益化成本管理模式

迄今为止，宝钢的成本管理经历了综合消耗管理、责任成本管理、标准成本管理、精益化成本管理四个阶段，目前企业在精益成本管理模式的探索中不断优化创新。精益化成本管理是 2000 年以后，宝钢在融合国际现代化先进成本管理经验的基础上，率先创建的以“6δ”为特征的成本管理模式，并将精益生产、敏捷制造、质量管控、信息化和供应链管理思想巧妙地融入成本管理中。

（1）“6δ”精益运营与质量成本管理有机结合。“6δ”管理是依托业务流程，以数理统计学为基础，以“零缺陷”为完美追求目标，通过对实际数据的采

集和分析，找出问题的症结所在并对其加以改进，从而大幅度降低质量成本，显著提升经济效益，最终使得企业竞争力大幅提高的一种管理方法。在“6δ”管理中，主要通过DMAIC模型（DMAIC模型是实施“6δ”的一套操作方法。DMAIC分别是指Define、Measure、Analyze、Improve和Control。它是用于改进、优化和维护业务流程与设计的一种基于数据的改进循环。）对企业业务流程进行改善，在产品生产过程中对影响产品质量的相关因素进行整合，从而实现产品的零缺陷，加强企业的质量成本管理。宝钢将“6δ”精益运营灵活应用到质量成本管理中，将质量成本管理视为一个系统化工程，成本管理部、制造生产部、产品设计部等多个部门都参与其中，通过改进产品质量设计，重点关注隐形质量的损失，不仅使得钢材质量得到显著提升，而且相关的质量成本大幅度降低。宝钢的“6δ”精益运营在质量成本管理中的具体应用如图2-1所示。

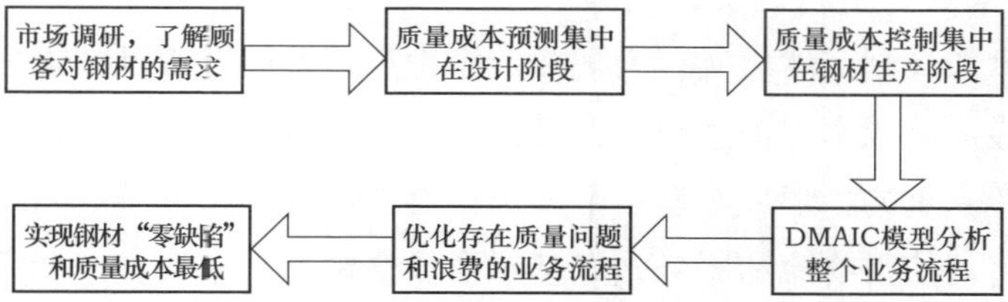

图2–1　宝钢“6δ”精益运营在质量成本管理中的具体应用

首先，宝钢在每年年末会对下一年度所生产的钢材种类、数量等，通过市场调研，综合市场数据及以往年度数据，经过分析预测客户对钢材的需求，从满足客户需求角度出发，制订相应的生产计划。其次，质量成本预测主要集中在钢材设计阶段。从顾客满意度出发，通过分析影响钢材质量的因素，在最初设计阶段就优化设计流程，保证一次过关，坚决杜绝出现不良品，消除因为产品返工造成的浪费。再次，在热轧、酸洗、冷轧等产品生产阶段加强质量成本控制。成本控制伴随着产品生产的整个过程，通过运用“6δ”精益管理，及时发现生产过程中的低效率作业和无效作业，利用相关的方法和工具对存在缺陷的作业流程进行改进，降低劣质成本，消除无效作业的浪费，提高产品质量并降低生产成本。最后，利用DMAIC模型对整个钢材的业务流程进行详细分析，改善存在质量问题的流程，减少无效作业甚至杜绝不增值作业，从而实现宝钢产品的零缺陷和最低质量成本。

（2）作业成本法与战略成本管理有机结合。宝钢自2004年开始对相关项目进行作业成本管理，对作业成本法的应用是以战略成本管理为基础的。首先企业通过战略成本管理制订出企业的战略目标——最低成本战略，然后对企业产品研发—生产投入—营销服务的价值链环节进行成本管控，并结合作业成本法的思想，在价值链上的各个环节划分有效作业和无效作业，尽可能优化有效作业，消除无效作业，降低价值链的成本消耗。

（3）供应链成本模型的应用。宝钢在对供应链的价值管理上，深化战略成本管理。在采购环节实行阳光采购，宝钢股份总部资材备件采购中心首先对近一万个品种的零星物品进行系统梳理，遵循公开、公平的采购原则，合理打包匹配竞价规则，向全社会实行招标采购，吸引行业中的优秀供应商参与。充分利用采购信息平台公开招标，与选定的优秀供应商建立长期战略合作关系。实行适时采购，根据生产目标确定采购数量种类，从而有效降低库存管理成本，杜绝不必要的采购浪费。在生产销售环节，建立准时化生产模式（JIT），并按照作业成本法（ABC）原则对客户进行分类，依据不同客户类型的需求确定生产目标，并制订详细周密的生产计划，然后实行大规模定制生产、按周交货等举措来满足众多客户需求，以最低的成本保证客户价值最大化。在物流和服务方面，宝钢企业加强资源整合和业务重构，形成一套由电商、物流、金融、材料及数据组成的交易及配套服务平台，使得物流和服务站点基本形成全国网络布局。一套完善的物流和服务系统大大提高了宝钢的物流速度与服务质量，也使得物流成本和服务成本大大精简。

（4）管理信息系统的创建。钢铁企业由于设备众多、工艺复杂等特点，加强信息化管理显得尤为重要。宝钢积极学习西方先进信息化建设理念，并结合精益化成本管理的要求，以 ERP 系统为核心，逐渐形成一套集成本预算管理、作业成本计算管理、战略成本管理等众多管理系统于一体的信息管理系统，并将信息化继续拓展，先后在客户关系管理、供应链管理等领域有所建树。通过不断改善信息管理系统，有效地加强了对整个企业集团的成本管理，从而为精益化成本管理提供良好的信息化平台。

2. 实施精益化成本优化控制策略

（1）精益的供应链成本管理。我国钢铁企业的精益化成本管理不能仅局限于传统的生产成本管理，还要立足于采购—设计—生产—物流—服务五大供应链环节，通过对每个环节进行成本规划、成本抑减及成本改善，最大化客户价值，实现供应链成本的精益化。并且针对供应链开展 EVA 价值分析，优化供应链的每一环节，追求最低成本。

（2）高效的 JIT 生产模式。采用 JIT 生产模式，有效去库存、降产能，并结合作业成本法，加强生产过程的精益化管控，有效降低生产成本。我国钢铁行业由于多采用大批量生产模式，导致产能过剩，造成不必要的浪费。实行 JIT 生产模式，通过下游客户的订单需求来确定生产目标，从而制定合理的生产计划，再根据生产计划在上游采购环节实行适时适量采购，从而达到“零缺点、零库存、零准备时间、零前置时间、无零件搬运”的目的。在实际生产过程中，运用作业成本法将生产环节具体划分作业单元，针对每个作业单元进行成本动因分析，有效消除无效作业，杜绝浪费。

（3）完善的管理信息系统。钢铁企业的管理信息系统如图 2-2 所示。首先，钢铁企业的管理层利用 ERP，通过采购管理、销售管理、库存管理、及时生产管理、成本管理等多个管理层面对企业的物流、资金流及信息流三大资源进行全面集成管理，从而为企业整个运营提供一份完善的“三流资源”管理计划，实现供应链上各种资源的有效配置。然后，发挥 MES 的桥梁作用，将管理层的信息流与操作车间的物流有机结合，使得管理层制订的管理计划真正落实到过程控制系统（PCS）中。最后，通过 PCS 对企业整个业务流程进行成本预测、成本控制及成本改善，真正实现精益化成本管理。

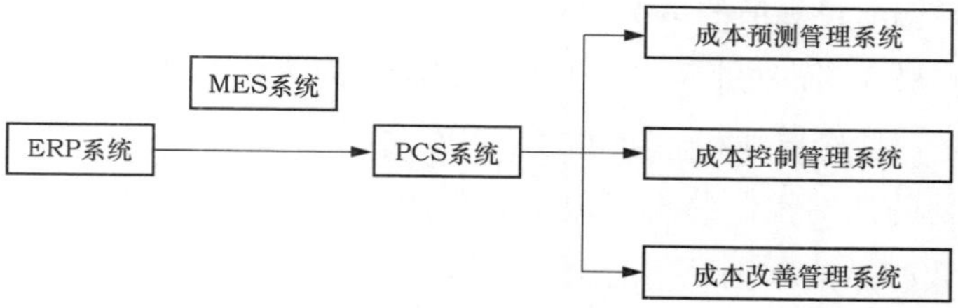

图 2–2 钢铁企业管理信息系统

（4）员工的精益化思想教育。树立“全员、全过程”精益化管理理念，企业的发展离不开广大员工的努力，团队活动和全体员工自觉化是精益管理的必然要求。钢铁企业必须要调动全体员工，加强精益化管理思想的理解和认可，将精益化管理扎根于每个部门每个员工的心底，通过全员参与精益化生产，实现成本的精益化。

实现精益化成本管理是企业现代化成本管理的必然要求，是我国钢铁行业积极响应国家供给侧结构性改革，适应经济发展新常态的必然选择。只有实现成本管理的精益化，才能真正实现钢铁行业的“去产能、降库存、补短板”。钢铁行业需要立足于供应链视角，通过信息化管理，逐步形成以消除一切浪费、最大化客户价值、增强企业竞争力为目的，系统化、多维度的精益成本管理体系。

二、丰田汽车公司（简称丰田）的精益化成本管理案例

2005年，丰田汽车公司汽车销售量达到803万辆，仅次于美国通用汽车公司（917万辆），同时扩大了相对于第三名美国福特汽车公司（681万辆）的优势。从2004年开始，丰田已经连续2年净利润超过100亿美元，从而牢固地树立了自己全球第二大汽车制造商的地位。而丰田成功的秘密武器就是“丰田生产方式”。

1. 丰田精益化成本管理模式

丰田有一种独特的成本管理模式被称为成本企划。成本企划是基于目标成本法，兼顾日本文化和丰田自身特点的一种创新。成本企划结合丰田众所周知的JIT生产方式和细节节约构成了丰田的成本管理体系。成本企划在进入生产阶段前进行成本的筹划，而JIT等则在生产阶段进一步控制成本在较低水平。这样的体系为丰田全面控制其成本，并维持和提高其核心竞争力提供了强大动力。

（1）成本企划。成本企划是流行于日本企业的一种成本管理模式，其实质是成本的前馈控制，它不同于传统的成本反馈控制（即先确定一定的方法和步骤，根据实际结果偏离目标值的情况和外部环境变化情况采取相应的对策，再调整先前的方法和步骤），而是针对未来的必达目标，对方法与步骤进行弹性调整，因此成本企划是一种先导性和预防性的控制方式。

成本企划的前馈控制体现了成本管理的两种新思维，其一是源流式成本管理，即将降低产品成本的“重心”，由传统的生产阶段推溯至开发、设计阶段，对企划对象的最初起始点实施充分透彻地分析，从而有助于避免后续制造过程的大量无效作业耗费无谓的成本，使得大幅度削减成本成为可能。其二，前馈控制体现了“成本筑入”的思想。一个完成了的产品设计，在某种意义上是图纸上就制造过程进行了一次预演，预演时赋予的各种条件就是实际生产过程中具体各项要求的体现。直观地说，设计就是在图纸上制造产品。成本筑入意味着在将材料、部品等汇集在一起装配成产品的同时，也将成本一并装配进去。倘若在图纸的预演中排除了各种无效或低效因素，图纸上有限的筑入成本可能等同于制造现场的实际成本，这就等于在前期确保了成本降低的可能性。

（2）JIT生产方式。在进入生产阶段之后，丰田采用从市场实际需求出发的JIT生产方式，这种“拉动式”生产策略使丰田在需要的时候按需要的量生产所

需产品，追求零库存，避免产生成本的浪费。与“拉动式”对应的是“推动式”生产策略，是以生产推动销售，因而会保持相当数量的存货，增加流动资金占用的机会成本、产品的仓储、运输成本及需求不确定性带来的风险成本等。以控制成本为核心的丰田生产理念决定了丰田采用JIT生产方式，保证准量、准时，同时避免因过量生产造成的成本和浪费。这不仅仅局限于丰田总装厂的内部，也同时应用于采购环节，甚至推广到供应链的每一个环节，从而控制了整个供应链的过量生产，降低了整体成本。在JIT生产的过程中，丰田同时采用了“自动化”的手段来避免过量生产。在丰田的工厂里，几乎所有的设备都装备有自动化装置，生产线生产完所需的零件，设备就自动停下来，这样就避免了过量生产。同时，当生产产品时发生异常或质量缺陷时，机器会自动停止工作，从而避免了次品或废品的产生。而次品、废品不仅产生了料工费的成本，还可能产生巨额的机会成本，甚至导致企业付出维修成本、召回成本等，破坏企业品牌形象。

（3）细节节约。丰田在每一个细节上都十分重视。在公司内部，所有的信件往来都是用白纸条贴在原来写过的信封上重复使用，节约了成本；为解决马桶冲水浪费问题，丰田在每一个马桶的水箱里都放进三块砖头，减少出水量，节约用水开支，杜绝一切浪费。

2. 丰田成本管理出现的问题

2009年4月，广汽丰田因刹车系统缺陷召回26万辆凯美瑞；2010年10月21日，丰田宣布在全球范围内召回153万辆问题汽车，召回原因是刹车总泵油封存在缺陷，可能会影响行驶安全；2009年8月，广汽丰田、一汽丰田宣布，由于零部件出现缺陷，自8月25日开始，召回部分凯美瑞、雅力士、威驰及卡罗拉轿车，涉及车辆总计688314辆；2012年10月10日，丰田向日本国土交通省提交报告称，由于电动车窗的开关存在缺陷，将召回6款共约46万辆小型汽车，包括海外市场在内，全球召回数量将达743万辆，创迄今为止的最高纪录。

（1）从表面上看，丰田的成本战略偏差导致质量问题主要归结于以下几个方面。首先，丰田在追求快速扩张的过程中，一方面会导致产品开发周期缩短，系统设计和测试与供应商办调不到位；另一方面会导致丰田员工工作压力的增大。丰田为了降低采购成本，不断降低零部件采购价格，而供应商为了满足丰田的需求，不断压缩自己的生产成本，以保证自己不亏损，所以他们为丰田提供的零部件也就存在着质量隐患。同时，丰田在全球化生产战略中为降低成本，很多零部件委托海外厂商生产，而这些供应商多是通过在丰田的海外工厂周边租用仓车，来满足丰田 JIT 生产需求，那么这部分仓储、人工成本又会通过提高售价的方式转嫁给丰田，丰田为了控制实际成本不高于目标成本，就可能降低其他方面的费用，带来质量隐患。对丰田而言，除了需要员工加快生产节奏，为了跟上扩张的脚步，丰田需要招收大量缺乏系统培训的新员工来满足生产需求，这都会导致产品的质量问题。

（2）从本质上看，丰田质量事故频频是由于丰田没有注重成本运筹。产品成本降低确实可以使产品收益提高，增强其竞争力，然而，这也是建立在有一定限度的基础上的。不同成本之间通常会存在一些矛盾的关系，某项成本的降低可能是以另一项成本的增加为代价的，成本运筹可以帮助企业分析成本对象之间的关系，确定总成本是否会降低。同时，成本运筹提倡通过适当增加质量预防成本预算来控制质量故障成本。丰田的质量事故正是由于其在一定程度上忽视了供应链质量成本运筹和质量成本的预算。

（3）站在历史的角度上，丰田的成本管理模式并不存在大的问题，并且给丰田带来了巨大的收益，不论是模式运行还是管理思想都值得借鉴和学习。然而，丰田并没有维持并创新其管理模式和思路，反而盲目追求成本效应及快速扩张，导致了后来频发的质量事故，这是其他企业值得警醒和思考之处。丰田在成本控制方面若要做得更好，就要及时准确地洞察成本控制的关键点，不断加强自身的成本控制意识，进一步全面提升其成本控制能力，实现企业持续、健康、稳定的发展。

三、沃尔玛的战略成本管理案例

沃尔玛是萨姆·沃尔顿于 1962 年在美国阿肯色州创立的一家大型零售企业。《财富》杂志发布的世界 500 强企业榜单中，沃尔玛曾在多个年度位居第一，2019 年沃尔玛荣登榜首。

沃尔玛总部采用业务部门的组织结构，每个部门都有独立的产品和市场。沃尔玛组织结构的最显著特征是中央决策和分布式管理，通过对具有相同性质的任务或职能进行分组来组织部门。

1. 沃尔玛的企业价值链分析

作为世界知名的零售商，沃尔玛将新鲜食品和传统百货商店相结合，提供了侧重于产品安全和质量、“拯救客户和改善生活”的一站式业务方法。

（1）信息价值链网络。沃尔玛于 1969 年首次引入了计算机系统来追踪库存情况并建立价值链，随即又使用条形码，大大改善了物流和运营效率。企业建立了自己的卫星价值链网络，覆盖采购、仓库、物流、运输和交付的全过程。通过建立共享网络，不仅大大降低了人工费用，也使得管理效率和库存准确性得到大幅提升，更降低了维护成本及运营成本。

（2）库存水平。作为大型连锁零售商，合理的库存管理十分关键。库存过多会使企业的运营成本上升，库存过少则导致缺货成本上升。20 世纪 90 年代，沃尔玛就将所有库存存放于全国的配送中心而不是零售超市，因此大大降低了仓储成本。这种极具特色的分销系统提升了库存周转效率，节约了成本，提升了其核心竞争力。

（3）PFC 系统。沃尔玛超市的 PFC 系统软件应用冷链运输，全程超低温运送至店铺，并保证食品类商品在同一天抵达，在减少中间环节的同时确保商品新鲜。沃尔玛的配送中心在选址上也十分讲究，既要使配送距离最优，又要保证配送时间最优。通过这一系列措施，其生鲜食品货损率大大降低，新鲜且低价的产品在顾客中奠定了良好的口碑。

2. 沃尔玛的企业成本动因分析

成本动因包括在宏观层面的总体定位、具有决定性影响的结构成本因素和在微观层面影响企业的执行成本因素。

（1）结构成本动因分析结构。成本因素是已经确定的因素，对企业产生长期甚至永久影响，并将在未来确定其价值。影响结构成本最重要的因素包括规模经济、地理位置和技术等。

1）规模经济。规模经济的运用是使沃尔玛成本管理遥遥领先的重要因素之一。沃尔玛的物流规模经济效应是由配送中心统一运输服务来实现的，超强的配送实力能满足 500km 半径内 120 家商店和服务店的供货需求。

2）地理位置。有利的地理位置能够使交货所需要的费用降至最低。配送中心的建立应综合考虑实际配置数量和地理位置等因素，以便减少来自交通的压力，实现最优配送。配送中心一般会选择地理位置优越的区域。

3）技术。沃尔玛采用的技术主要包括射频识别技术（Radio Frequency Identification, RFID）、SIM 卡、零售连接系统和 GPS 等。沃尔玛零售链接系统是一种基于交互式响应系统的零售模式，该零售链接系统和供应商系统相互联通。与之合作的供货商都可以进入系统，以了解产品的销售周期并制订相应的补充策略。

（2）执行性成本动因分析。

1）员工参与。为了让员工对自身工作职责有更清晰的认知，也能更从容地对待工作中面临的困难和挑战，沃尔玛为其工作人员定制了培训及发展计划。沃尔玛的这些“人才投资”将带来长期回报，并为其未来的业务活动带来更大的预期利益。

2）产品结构。沃尔玛有来自世界上最大的商品零售链的高质量产品，合理的产品构成可以满足消费者个性化的消费心理，确保企业维持长期稳定的销售业绩并获得利润上的最大化。

3）全面质量管理。一方面，沃尔玛实施员工股息制度，员工的主人翁意识促使其提升主观能动性，从而降低管理成本；另一方面，沃尔玛始终以超越客户的期望为目标，这显然是建立企业品牌的关键要素，也是质量控制工作的标准。

3. 沃尔玛实施战略成本管理优化策略

沃尔玛在成本管理方面取得了较大成效，但仍然需要全面树立成本管理理念、正确的企业战略成本计划和管理目标，进一步完善战略成本管理信息系统建设，建立战略成本管理绩效评价体系。基于此，提出如下建议。

（1）树立新的战略成本管理理念。实施战略成本管理应进一步加强对成本的研究和管理的认识，深入理解战略成本管理理念。战略成本管理的重点已从影响企业内部生产和运营的微观成本管理，转移到了影响企业整体发展的成本管理。改善战略成本应根据市场需求划分战略成本的宏观市场成本与员工职责，将权利和收益有效结合，为实现企业的战略成本管理目标提供明确的收益保障。

（2）制订正确的企业战略成本计划和管理目标。作为企业战略成本管理的决策支持系统，相比如何降低战略成本，企业战略成本计划和管理更重要的目标理应是有效建立与分析如何维持企业长期的核心竞争优势。因此，在制订战略成本计划和管理目标时，应鼓励企业决策者将其作为总体战略的主要参考，将企业的内部结构与企业的外部环境整合在一起，以长期核心竞争的外部环境和价值链为起点，不仅关注企业的内部结构和价值链，还要关注竞争对手和其他行业决策者的价值链。核心竞争价值链可帮助企业决策者选择最佳企业战略实施计划，并有效构建和实施该战略成本计划，以便推动企业战略成本管理目标的实现。

（3）加强战略成本管理信息系统的建设。由于企业的战略成本管理信息涵盖范围较广，管理过程中需要大量成本信息，因此有必要随时进行企业的成本信息分析和加工处理。传统的战略成本管理信息系统很难做到这一点，因此，需要鼓励进一步加强战略成本管理信息系统的部署。在传统战略成本管理信息系统下，要执行战略成本信息管理项目，企业需要扩展成本信息的来源和渠道，并提供上下游信息渠道来管理其战略成本信息。建立超越企业成本信息边界的、基于网络的交互式战略成本管理信息系统，掌握企业和外部主要竞争对手的战略成本信息，是成功实施企业战略成本信息管理的重要保证。

（4）建立战略成本管理绩效评估系统。为确保实施战略成本管理的安全性和有效性，必须建立与之相适应的战略成本绩效评估系统。战略成本绩效评估的目的是提供最新的绩效评估报告，以便有效实施下一个战略成本管理目标。战略成本管理可持续性评估系统以现有战略成本目标管理工作为基础，评估管理过程中产生的短期管理成果指标绩效，并调查战略成本目标工作的完成进度，对成本执行结果进行差异性分析，研究并制订有效的战略成本解决措施和计划。战略成本绩效评估系统应使用分析问题和发现方法作为重大突破口，通过战略成本执行绩效管理，形成战略成本责任主体的绩效管理结果。

四、保利地产的目标成本管理案例

保利房地产股份有限公司（简称保利地产）成立于 1992 年，于 2006 年 7 月 31 日在上海证券交易所挂牌上市，是隶属于中国保利集团的大型国有房地产企业。自 2008 年金融危机以来，特别是 2010 年年初“国十一条”的出台，以及紧随其后的一系列房产调控政策，使得房地产行业利润率下降，如何加强成本管理成为房地产行业生存的关键。作为房地产行业中颇具代表性的企业，保利地产实施的目标成本管理使其一直保持着稳定的净资产收益率。

保利地产的目标成本管理主要包括制订目标成本、明确责任成本、跟踪动态成本和评估成本业绩四部分，并分别从事前预测、事中控制、事后反馈及责任与激励机制四个方面合理减少企业成本费用，进而提高企业的经营绩效。

（1）制订目标成本。目标成本是企业根据预测和分析制订的成本管理标准。保利地产根据施工进度制订了目标成本，具体流程分为投资决策、项目策划、方案设计、初步设计及施工图设计五个阶段。每一阶段首先根据适当的标准编制目标成本测算表，然后相关部门对各个阶段编制完成的目标成本测算表进行审批。保利地产每一阶段的目标成本均是在上一阶段的基础上制订的，即上一阶段的目标成本对下一阶段存在制约作用。保利地产在制订目标成本时，要求相关部门均参与目标成本的制订过程，并充分利用专业端口的成本清单、建造成本清单等成本数据库的信息，保证目标成本的制订依据科学可靠。

（2）明确责任成本。明确责任成本主要在于明确各部门的成本管理职责，即根据经济指标的反馈，对各部门成本管理的履行结果进行评价。保利地产的成本管理职责分为三个层次：一是成本总负责中心，主要由经理层负责；二是成本费用发生中心，包括开发部（地价费用中心）、技术部（设计费用中心）、项目部（主体建安费用中心）、销售部、企划部（营销费用中心）以及财务部（期间费用中心），主要任务是按照目标成本的预算与相关制度开展业务活动，接受并配合成本费用考核与监控中心的指导与监控，对每单成本费用的失控肩负主要责任；三是成本费用考核与监控中心，主要包括成本管理部与财务部，主要任务是组织编制开发项目的目标成本以及成本费用的总指标，并将其细化，然后将具体的明细指标落实到各专业部门，并跟踪、指导、监控目标成本的执行情况。保利地产通过划分不同层次的成本管理职责，构建了相对完善的责任成本体系，从制度层面上保证了目标成本的执行，以及对目标成本的控制。

（3）跟踪动态成本。房地产企业的动态成本由合同成本、非合同性成本及待发生成本构成，是项目实施的预期成本。保利地产通过"一个中心，三条线"来构建动态成本体系（一个中心即以合同为中心。"三条线"是指动态成本、实际发生成本及实付成本）。在动态成本中，合同成本所占比重最大，是成本控制中的重点。合同变更及款项超付等情况会造成合同成本的不确定性，为防止此现象的发生，保利地产以合同为中心将目标成本分解到合同中，使用公司标准的文本合同，自己撰写补充条款，全面约定价格组成及风险分担等问题，形成严格、准确的合同条款。保利地产还通过比较动态成本与实际发生成本，了解项目的整体进度并对其进行控制，预防拖延工期、赶工期造成质量下降等现象的发生。通过对比实际发生成本与实付成本，掌握款项支付进度，预防款项超付等现象的发生。同时，保利地产还要求对动态成本做到"一月一清"，每月编制成本信息月报，严格控制动态成本。

（4）评估成本业绩。成本业绩评估是针对各部门成本控制执行情况进行的绩效考核。在制订目标成本、明确责任成本、跟踪动态成本的基础上，保利地产对目标成本的执行情况进行了严格的评估，以确保目标成本的落实。在进行成本业绩评估时，保利地产主要采取三种手段来进行。

1）利用完善的成本数据库，根据目标成本数据以及动态成本数据的归档，提炼出关键的成本考核指标，并且针对项目生命周期中成本失控处查找原因，界定责任。

2）通过编写《保利地产成本控制指导书》，使绩效指标体系化。成本控制指导书中明确规定了各项费用的主要内容、明细分类及责任部门，完善了绩效考核指标体系，为进行成本业绩评估建立标准。

3）加强成本绩效考核的奖惩力度，使项目成本与每个岗位、每个员工都息息相关。

此外，保利地产分别从流程绩效、业务绩效及岗位绩效三个层次进行绩效考核。通过流程绩效评估，考核与流程活动相关部门相互协作的成果；通过业务绩效评估，将各部门以及员工的行动与企业战略联系起来，为实现公司战略提供保证；通过岗位绩效评估，可以基于非战略目标对员工进行事务性考核。这种从上到下的绩效考核方式，培养了协作共赢的企业文化，帮助每个员工树立了成本控制的理念，培养了成本控制意识。

保利地产通过构建责任成本体系及进行成本业绩评估两种方式，分别从管控体系和绩效考核两个方面保证了目标成本的执行和控制，在保证开发进度以及产品质量的基础上，达到了实现盈利以及创造成本优势等更高层次的成本管理目标。

第三节　基于“创效微单元”的电网企业精益化成本管控体系设计

一、精益化管控体系设计理念

1. 顺应资源配置优化与“双控”发展指引

国家“十四五”规划明确全面深化改革，构建高水平社会主义市场经济体制，在激发各类市场主体活力上，深化国资国企改革，加快国有经济布局优化和结构调整。同时，深化发挥国有经济战略支撑作用，在建立现代财税金融体制上，深化预算管理制度改革，强化预算约束和绩效管理。

2021 年国家发展改革委提出要加强宏观指导，完善政策措施，发挥市场配置能源资源的决定性作用，引导能源要素合理流动和高效配置，以建立科学管理制度为手段，以提升基础能力为支撑，推进能源总量管理、科学配置、全面节约，推动能源清洁低碳安全高效利用。以能源“双控”为指引，深化电网企业要素投入强度与总量“双控”优化升级，以资源优化配置及“双控”管控提升为抓手，对支撑新发展时期电网企业提质增效及可持续发展意义重大。

2. 落实发展战略与高质量管理要求

伴随国企改革不断深化，电力行业体制机制改革发展不断深入，当前形势进一步要求电网企业创新财务管理理念与模式，统筹稳投资、降成本、提效益、促改革等多元目标，着力提升投入产出效率。面向国家“双碳”发展目标实现，电网企业和电网发展承担重大历史任务与重要使命，新型电力体系建设带动新兴投资及市场模式变化，电网企业资源要素投入精益化管控面临新格局与新挑战。亟待适应改革深化与经营发展新形势，主动出击创新成本精益化管控新模式与新路径，助力内外双循环驱动下电网企业经营发展全要素发力，提升公司稳健经营与成本创新管理能力。

围绕当前电网企业经营发展战略目标，企业应大力推进各类资源的统筹调配、精准投入、高效运营，助力实现与世界一流企业相匹配的卓越经营业绩和卓越财务管理实力。提高全要素生产率，推动企业内涵式增长，积极调整考核要素，明确财务管理树立投入产出意识，提升价值创造能力。以深化落实新形势下电网企业发展战略目标及高质量发展要求为指引，立足成本精益化管控关键环节与创新发展突破口，构建“创效微单元”优化体系，实现成本精益化管控驱动发展新动能。

3. 探索创新精益化管控新理念与新模式

面向未来发展，电网企业经营将逐步构建以“开放协同、智慧共享”为主要特征的价值生态系统，充分发挥数据作为生产要素的基础作用，以数字驱动业务发展，以数字化赋能价值创造，要求财务紧抓“数字化”发力点，提升数据支撑和价值挖掘能力。深化财务与业务融合，打造业财循环交互、科学决策与闭环管理的成本管控体系是现代一流成本管理的发展要求，以业财深化融合为抓手，探究成本全过程管理与创效微单元交互驱动机理，推动成本与业务精益管理螺旋式优化提升。立足成本精益管控专业发展创新，以“数字赋能＋业财融合”双核驱动发展新契机为平台，探索成本精益管控新理念、新机制、新模式、新路径，具有重要的引领示范与改革创新驱动作用。

二、精益化管控体系内涵与架构

构建基于创效微单元的“双核驱动”型成本精益化管控体系，以深化资源配置优化与全要素发力为指引，以推进能源“双控”发展要求为借鉴，立足电网企业成本资源配置与“双控”优化关键领域。提出成本精益管控“创效微单元”理念，设计“成本要素微单元+成本业务微单元+成本配置微单元+成本责任主体微单元”立体化创效对象域集，面向成本计列标准化、成本问效体系化、成本配置科学化、成本增效内生化改革创新发展目标，以“数字赋能+业财融合”双核驱动为支撑，以深化开展电网作业标准成本体系、电网成本有效性分析体系、电网经营效能评估体系及电网企业内模市场机制构建及应用为抓手，打造电网成本精益管控双核驱动“创效微单元”新理念与新机制，构建面向“现代一流成本管理”的精益实施新模式与新路径。

基于精益化管控体系内涵提炼，深化当前电网企业发展战略及提质增效、高质量管理要求落地，立足成本精益管理关键问题与核心领域，为实现成本资源配置优化与“双控”提升开展理念模式与机制路径创新研究。重点开展电网作业标准成本体系构建及应用夯实科学细化标准，构建电网成本有效性分析体系健全成本问效机制，优化电网经营效能评估体系实现资源配置模式，激发内模市场机制推动要素活力。立足创效微单元，实现成本标准体系深化细化、成本问效机制健全完善、成本资源配置科学精准、要素提质增效内生循环优化，助力“现代一流成本管理”精益管控体系建设及公司经营提质增效高质量发展。基于创效微单元的“双核驱动”型成本精益化管控体系整体架构如图 2-3 所示。

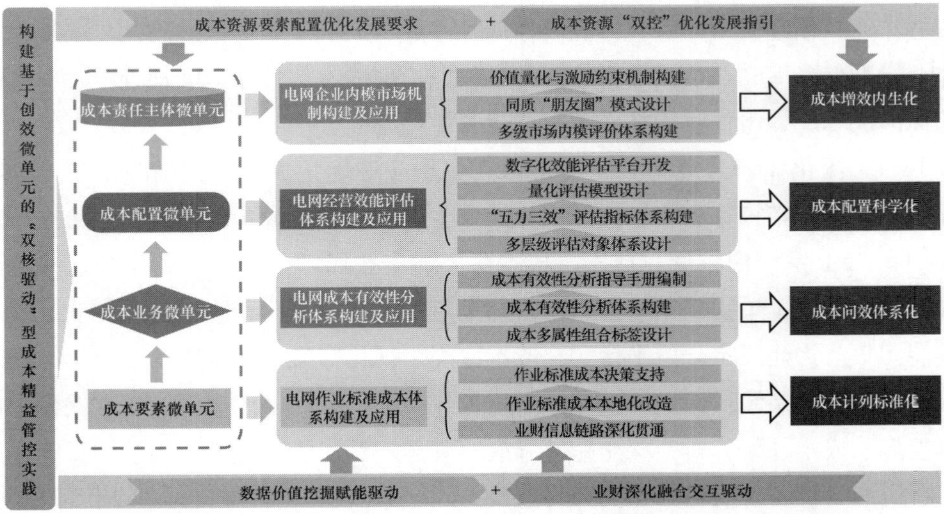

图 2-3 基于创效微单元的“双核驱动”型成本精益化管控体系整体架构

三、精益化管控体系实施主要任务

1. 构建电网作业标准成本体系，夯实科学细化标准

（1）深化业财信息链路贯通拓宽数字价值赋能通道。优化工单载体作用规范业务活动，建立电力作业信息数据库，梳理归纳历史作业信息，建立可共享的电力作业信息专属数据库，解析工作票的工作内容，输出结构化的设备和作业信息，辅助实现“设备 + 作业”信息的规范获取，实现工单自动创建、自动报工确认；优化贯通信息系统链路激活全域数据信息价值。基于业务工单，按照价值流动方向，物资管理系统、物资专业仓系统、车辆管理系统、ERP 等设备管理系统等价值管理系统，匹配业务活动信息与价值管理数据，实现作业成本实时采集、智能归集。

（2）深化动态调整改造建立作业标准成本数字赋能空间。开展多专业动态调整提升标准成本指导性，协同业务部门对变电、输电、配电、营销和后勤等多专业作业条目进行细化拆分，形成动态调整作业条目，提高作业活动本地化匹配程度。根据电力工程、物资、服务招标价格及地方发布多源价格信息渠道，修订人工、材料、机械台班单价，提高作业成本水平合理性。创新构建典型作业包，实现项目建设与成本高效联动，依据导则等规程及实际工作经验，梳理经常性项目典型作业，创建典型作业包，提高作业标准成本不同业务场景适用性。统筹建立作业标准信息库，在数据中台建立统一作业标准成本信息库，联动管控发布的作业标准成本库，将作业标准成本融入业务管理流程。

（3）深化业务升级与决策支持探索典型应用优化模式。挖掘多专业成本特性优化成本归集核算模式，按照项目类成本和非项目类成本的不同特性，按一定周期在 ERP 系统中将项目成本、成本中心成本按照归集分摊规则整合，并传至数据中台，以工单为成本归集对象，归集财务成本、作业动因，实现作业层成本智能归集。构建成本分析平台实现成本深度可视化穿透，与多维精益核算深度对接，面向不同层级搭建成本量化分析可视化平台，开展生产规模、成本差异、价格差异、成本预警分析，探明跑冒滴漏等管理问题，优化成本支出结构。围绕每一项资产、设备、项目和作业，打造成本“全景画像”，精准刻画最小价值单元，实现人财物等核心资源配置更加有效，促进全要素生产率显著提高。

2. 构建电网成本有效性分析体系，健全成本问效机制

（1）梳理成本类别多网络拓扑结构深化成本定义挖掘。整体层面，绘制成本类别网络拓扑结构，梳理不同视角下成本构成体系与结构脉络；细化层面，系统

梳理各项成本费用定义及列支范围，结合成本管理与财务工作实际，考虑成本功能导向及动因导向等属性，明确保障类、完善类、提升类成本定义。

（2）以点带面开展典型专题数据分析穿透问题。开展典型项目专题分析，深入业务一线现场调研，以点带面，结合典型项目具象化问题梳理与总结，凝练成本有效性分析的目标导向与关键要点。

（3）创新多属性组合标签设计提升业财融合深度细度。加强成本结构与投向分类解析，结合细化成本已有大类功能领域、梳理专业需求投向、匹配状态属性分类，提出组合式标签模式，支撑专项成本深化穿透与有效性组合标签科学设计。

（4）完成成本有效性指导手册编制构建常态化问效机制。编制成本有效性指导手册，内容涵盖成本定义及范围、制度文件、审核要点、费用标准等方面，强化成本审核深度细度，规范费用标准依据，对地市级电网公司预算申报与审核提供指导，为预算执行考核奠定基础。

3. 构建电网经营效能评估体系，优化资源配置模式

明确创效优化对象域集建立业财融合归集分摊规则，确定投入产出效能评估对象下沉至网格单元，理顺评估对象，区分不同层级开展评估需求差异分析，支撑效能指标体系构建。建立各级投入归集分摊规则，实现边界清晰量化，将电网资源投入按不同性质划分，建立组织层、资产层、项目层等各层级投入的合理归类分摊规则，推动成本投入的全面量化。按照“可量化、可考核、易选取”原则，构建效能评估指标体系，并通过打通业财数据链路，实现数据在线获取，建立效能评估模型支撑量化实施。开发数字化效能评估平台，深化数字价值赋能应用，充分发挥数字化建设及业务融合优势，打造经营效能评估辅助平台，实现效能评估总览及穿透分析。

4. 构建电网企业内模市场机制，变革驱动要素活力

设计多级内模市场，优化体系精准传导价值，统筹平衡利润、核价、风险管控等目标，由预算周期向多重周期目标转变，与监管要求有效衔接，规范成本支出结构，稳定准许收入，实现当期与中长期经营目标有序衔接。建立利润与资产负载率并重评价体系，强化自由现金流量管控，倡导与财务承受能力相适应的投入模式，更加注重投入效益。固化提质增效量化长效评价，重视现金流、带息负债，强化成本结构管理。建立差异化评价机制，充分考虑各单位不同发展阶段和历史因素，丰富评价规则，增加选择权，鼓励各单位对照自身实际跳起摸高，激

发内生动力。

打破传统组织壁垒，建立同质“朋友圈”创效单元，建立同质“朋友圈”构建权责匹配的评价规则，依托多维精益核算，有效促进支撑主体由追求数量向改进服务质量转变。多元化团队绩效模式，划小创利微单元，打破组织边界，建立提质增效项目库与柔性团队，发挥柔性团队响应速度快、资源整合能力强、工作方式灵活等特征。

科学细化精益核算单元实现价值贡献量化清晰，注重内模市场与多维精益管理联动，精益核算单元，贯彻责权利对等原则，利用多维精益核算体系成果，夯实成本核算基础。深化激励考核机制完善探索数字化场景看板分析，通过数据可视化、场景化，实现各市场主体经营成效和价值贡献精准反映，服务经营决策和考核激励。

第三章　电网作业标准成本管理理念、方法及应用

第一节　作业标准成本概述

一、作业成本法的内涵

1. 作业成本法的定义

作业成本法（Activity-Based Costing，ABC）是一种通过对所有作业活动进行动态追踪反映，计量作业和成本对象的成本，评价作业业绩和资源利用情况的成本计算和管理方法。它是以作业为中心，根据作业对资源耗费的情况将资源成本分配到作业中，然后根据产品和服务所耗用的作业量，最终将成本分配到产品与服务中。

现代企业观认为，企业中存在由众多作业组成的作业链，每完成一项作业都要消耗一定的资源，产品成本实际上是生产产品或提供劳务的全部作业所消耗的资源费用总和。根据作业消耗资源和产品消耗作业的指导思想，作业成本法将成本计算的作业点放在作业上，以作业作为核算和管理的对象。

2. 作业成本法的核算要素

ABC 核算包括资源、作业、成本对象、成本动因四个要素。其中，资源、作业和成本对象是成本的承担者，是可分配对象。在企业中，资源、作业和成本对象之间关系较为复杂，而导致生产中成本发生变化的因素就是成本动因。

（1）资源。资源是指支持作业的成本、费用来源，是一定期间内为了生产产品或提供服务而发生的各类成本、费用项目，或者是作业执行过程中所需要花费的代价。在 ABC 核算中，与某项作业直接相关的资源可以直接计入该项作业，如果某一资源支持多种作业，那么，应当依据资源动因将资源分配计入各项相应的作业中去。

（2）作业。作业是指在一个组织内为了某一目的而进行的耗费资源的工作，它代表组织实施的工作，是连接资源与成本对象的桥梁。作业是作业成本计算和作业成本管理的核心。

常用的作业认定方式有以下三种：一是绘制企业的生产流程图，将企业的各种经营过程用网络的形式表现出来，每一个流程都分解出几项作业，最后将相关或同类作业归并起来；二是从企业的职能部门出发，通过访谈、调查分析等方式，确定各个部门的作业，并加以汇总；三是召集企业全体员工开会，由员工或工作小组描述所完成的工作，再进行汇总。

（3）成本对象。成本对象是指企业需要计量成本的对象，如可以把每一个生产批次作为成本对象，也可以把一个品种作为成本对象。

成本对象分为市场类成本对象和生产类成本对象。市场类成本对象主要是按照不同的市场渠道和顾客确定的成本对象，衡量不同渠道和顾客带来的实际收益，核算结果用于企业的市场决策和产品决策。生产类成本对象是在企业内部的成本对象，包括各种产品和半成品，用于计量企业内部的生产成果。

（4）成本动因。成本动因是指解释发生成本的作业特性的计量指标，反映作业所耗用的成本或其他作业所耗用的作业量。它是计算作业成本的依据，可以揭示执行作业的原因和作业消耗资源的大小。

按照性质不同，成本动因可分为执行性成本动因、时间性成本动因和精确性成本动因。执行性成本动因通常以执行的次数作为成本动因；时间性成本动因使用时间来计量成本的消耗，传统成本中的人工工时就是典型的时间动因；实际的成本动因按对分配源的实际消耗情况来进行分配，这种成本动因是无误差的成本动因。

成本动因按照动因个数可以分为单一成本动因和复合成本动因。单一成本动因是指根据一个成本动因分配，复合成本动因是把多个成本动因按一定规则综合考虑来确定新的分配标准。在传统成本法中，已经存在着单一成本动因和复合成本动因的实例：如果按人工工时分配，则人工工时是单一成本动因；如果按设备工时分配，需要在人工工时基础上乘以各设备的设备工时系数，这种情况下综合考虑了工时和设备两种因素，分配标准就是复合成本动因。

成本动因按照分配维度不同分为数量型成本动因和比重型动因。数量型成本动因根据各个分配目标的成本动因数量进行分配，比重型成本动因按照各分配目标在分配中所占的比重来分配成本。

3. 作业成本法的核算步骤

ABC 核算主要分为四个阶段：一是作业认定，鉴别出消耗资源的作业；二是资源分配，确认资源动因，计量归集作业耗费的资源费用；三是明确成本计算对象，确认作业动因；四是归集作业成本。

（1）作业认定。作业认定的方式有：自上而下、自下而上和融合方式三种。

1）自上而下方式。自上而下方式是站在企业高层角度向下审视和认定作业。一般做法是先确认企业的业务总流程（包括从产品设计、工艺到生产、供应、检验、包装、发运等全过程），再进一步分解为子流程和作业。这种方式的特点是作业较少，作业定义范围较广，适用于快速为企业决策层提供战略信息，但是较难应用到流程改进上。

2）自下而上方式。自下而上认定作业的方式始于和员工的交谈，通过交谈判断各自所做的工作，并作为定义作业的基础。定义作业之后，将作业归集到流程清单中。这种方式的特点是作业很多，作业的定义范围较窄，如果需要将作业动因分配到作业上，并将作业成本归集到成本对象上，需要花费更多的时间和财力。

3）融合方式。这种方式是将自上而下与自下而上方式相结合。流程包括从业务经营角度出发区分作业，合并同质作业到作业中心，把作业归集到业务流程上，向上层管理报告流程汇总信息，向部门经理报告详细的作业信息。

（2）资源分配。在作业认定完成后，可以将资源成本按成本动因分配给各个作业。企业经营资源通常包括厂房设备、物料用品、人工等，但是这些经营资源一般不能直接对应到各个作业中。因此，实施 ABC 需要考虑将资源分配给对应的各个作业，即对作业耗用的资源费用进行计量。

目前，常用的资源分配的方式有：直接分配、估计分配和人为分配三种。

1）直接分配法。直接分配法是指按客观、真实的尺度来对资源进行计量。例如，机器运行所耗用的能源成本可以直接用机器运行的时间来进行分配；搬运、质检等作业的人工成本可以按工人的劳动时间加以分配。直接分配法对于提高 ABC 系统的精确性起到正向作用，但测算实际消耗数额时却很繁琐，从成本效益原则考虑，这种方法未必能完全适用。

2）估计分配法。估计分配法是指在缺乏或很难经济地进行直接分配的情况下，采用调查和询问的方式来估测作业所消耗的资源费用。例如，可以通过询问业务部门的现场管理人员，获得员工进行各项作业的时间资料。

3）人为分配法。人为分配法不同于上述两种直接分配方法，带有相当多的主观和随意成分。例如，部分后勤服务作业，只能采用按人数比例分配的简洁办法。因此，人为分配与作业真正消耗的资源是有误差的，应尽可能少采用或不采用。

（3）明确成本计算对象。ABC 系统下成本计算对象可以是某种最终产品、某项服务、某个项目或承包的业务单元，甚至是某个客户。

应用 ABC 方法人员必须充分、全面地把握成本计算对象，无论遗漏了哪一种最终产品或服务，都会使其他的最终产品或服务承担过高的成本。此外，目前正在制造的产品成本不包括来自过去或将来产品所消耗的资源费用的份额。例如，长期未使用设备的折旧费用不应计入现行生产产品的成本中。

（4）归集作业成本。归集作业成本与资源分配方式基本相同，包括直接分配、人为分配和估计分配三种方式。

采用直接分配的方式归集作业成本理论上是最精确的。但是在实际操作中，由于作业成本库是在资源成本与最终产品成本间人为设定的桥梁，作业成本最终产品归集的过程按照直接分配的方式存在较大困难。采用人为分配的方式是依据作业成本的耗用与最终产品对作业需求的关系进行分配，存在较大的主观随意性，这种方式得到的成本数据是不准确的，从揭示成本计算对象的信息精确性上不建议选择人为分配的方法。

因此，归集作业成本的方法只能选择估计分配法。根据实践证明，基于作业成本与成本对象的关系进行估计测算是作业成本向最终产品归集的一种重要设计思路。

二、作业成本管理的内涵

1. 作业成本管理的定义

作业成本管理（Activity-Based Costing Management ,ABCM）是指为了实现组织竞争战略，增加顾客价值，在对作业及作业链全面分析的基础上，利用作业成本核算提供的信息，面向企业全流程（市场需求分析、研究开发、产品设计、材料采购、生产、质量检验、销售、售后服等所有环节）的系统化、动态化和前瞻性的成本控制方法。

2. 作业成本管理的特点

（1）以作业为核心。美国波特兰州立大学成本管理教授托尼 (Peter B . B. Tueney）率先提出了旨在改善作业效果的“过程观”分析方法，指出“过程观”所要求的信息是“关于影响作业业绩的事物的信息，即什么因素引起作业和怎样妥善地实施作业，企业组织利用这类信息据以改善业绩和能被用户接受的价值”。因此，作业成本管理主要以“作业”为核心。

从作业的物理流层面上分析，根据市场和顾客需求分析现行的作业链，识别必要的作业，去除非必要作业，重点分析改善机会大的作业，瞄准最具有威胁性的竞争对手的产品或服务。辨别引起低效或无效作业的因素，即对各类非增值作业根源进行探索，从而重构或改进现有作业链。

从作业的价值流层面上分析，通过对作业及作业成本的确认、计量，最终计算出产品成本。最终产品是一系列作业的集合体，聚集了在各个作业上形成而最终转移给顾客的价值。作业成本管理从价值流的角度来讲，要尽可能降低最终产品的成本，包括降低作业所耗费资源的成本和减少产品所耗费的作业。

（2）区别于传统成本管理。

1）传统成本计算方法是以产品为核心。对于直接费用，一般直接归属到相关产品的成本。在传统成本计算中，通常会随着产量的增加，投入到生产过程中的资源也随之增加。因此成本计算中普遍采用与产量相关联的分摊基础，如人工小时、机器小时、材料耗用额等，即数量基础成本计算。然而，由于产品存在各种差异，诸如产品规模、产品复杂程度、生产准备时间和批量的规模等方面的差异，这些都可能导致传统成本管理方法成本信息的扭曲。

2）在传统成本管理模式下，成本核算和成本分类主要服务于满足财务报告需求，而不是为了描述产品消耗资源的情况。因此，传统成本管理的重点是核算产成品存货的生产成本，而容易忽略其他成本。

3）传统成本法割裂了成本与其产生原因之间的关系，导致了成本分析和控制的失效。因此，作业成本管理比传统成本管理在层次上更加细化。

3. 作业成本管理（ABCM）的过程管理

（1）作业链与价值链分析。

从作业链管理角度，主要目标有两个：一是从外部顾客的角度出发，尽量通过作业为顾客提供更多的价值；二是从企业自身角度出发，尽量从顾客提供的价值中获取更多的利润。

从价值链管理角度，必须首先区别增值作业与非增值作业。增值作业是指可为最终产品或劳务增加价值的作业，缺少它会影响顾客对产品或劳务的满意程度。非增值作业是指不能为最终产品或劳务增加价值的作业。

分析各作业之间或作业链的内在联系，从而优化或改进作业链。通过消除非增值作业、提高增值作业的效率，使作业链达到最优。因此作业成本管理的关键就是企业需要对作业进行深刻剖析。

（2）建立基于作业链的责任中心。在传统管理体系中通常将企业划分为若干责任中心，包括成本中心、收入中心、利润中心和投资中心。其中，成本中心管理者只对成本负责，收入中心管理者只对收入负责，利润中心管理者对成本和收入负责，投资中心管理者对成本、收入和投资负责。

在作业成本管理体系中，不再以组织性单位为基础来建立责任中心，而是建立基于作业链的责任中心。具体建立步骤如下。

1）识别产品作业。即描述设备或人员为实现某种目的所采取的行动。

2）按照流程进行分类。流程是指与一个特定目标相联系的一系列作业。尽管流程类似于职能性组织，但流程可能打破职能界限。比如，供应流程涉及采购部门、接收部门和应付账款部门这三个不同的组织单位。

3）按照作业水平进行分类。根据流程分类基础可以将作业水平分为单位水平作业、批次水平作业、产品水平作业和支持水平作业四类基本作业。

4）按照作业动因进行分类。具有相同的作业动因或相同的消耗比例的作业可以细化为一类。对于产量水平、批次水平和产品水平的类别包含着产品相关的作业，可以按照动因分类。对于属于设施水平的类别，能否按动因分类取决于能否识别到每种产品所消耗的各种作业的数量。由于设施水平作业属于许多产品共同所有，因此按动因分类就比较困难。

5）建立责任中心。通过前四个步骤把每一个流程所涉及的作业分批进行细化，组成了若干成本库。每一个流程都包含若干属性相同的成本库，在每一个成本库中，作业的成本动因是一致的。划分责任中心的目的就是为了更好地管理和控制每一个责任中心，因此必须先按流程划分一级责任中心，然后在一级责任中心下细分二级责任中心和三级责任中心。

（3）建立责任中心的控制标准。作业成本管理基于竞争战略而建立，其本身的管理过程就是实现竞争战略的过程。当战略改变、作业链或价值链变动等变革性因素出现时，标准也发生相应的变化，所以标准在本质上是动态的。它们通过变革反映新的条件和新的任务，帮助维持已实施的流程。在实际工作中，可能出现如下几种标准。

1）结合标准成本管理设定标准。一种是在作业消耗资源时，为了对作业消耗资源的成本进行控制，可以区分直接材料、直接人工和直接机械三个项目来制定作业标准成本；另一种是产品消耗作业时，关系到每项作业是否发挥了最大能力，这种能力被称为“约定作业能力”，对应的成本被称为“约定作业能力成本”。因此，可以以“约定作业能力”和“约定作业能力成本”作为作业是否发挥最大效用的标准。

2）结合预算管理设定标准。结合预算管理时，可与销售、生产和财务预算结合，根据作业编制弹性预算标准。

3）结合流程属性设定标准。由于作业成本管理是流程导向型的，因此结合流程属性可以设定流程的时间、质量和效率作为标准。

（4）成本计算与差异分析。分别按照上述要求计算实际值，即作业实际成本、实际利用作业能力、流程实际达到的时间、质量和效率。通过实际成本与标准成本的计算，可以发现实际值与标准值的差距。如果实际值几乎接近标准值，那么标准值就必须变革，逐渐向最佳标准靠拢；如果实际值远远偏离标准值，需要分析差异产生的原因，并采取相应的措施，避免下次再出现类似的差异。

（5）绩效评价与持续改进。结合上述差异分析的结果对责任中心进行评价，评价的目的包括对过去的业绩进行相应的奖罚，以及分析未来工作的重点。如果是由于资源的问题而导致作业成本的上升，那么需要优化与供应商的作业链和价值链；如果是由于市场份额减少或与顾客相关的其他原因而导致作业偏差，就必须优化与顾客的作业链和价值链；如果是由于企业内部的流程出现问题，就必须优化内部作业链和价值链。

4. 作业成本管理（ABCM）的应用环节

（1）作业分析与管理。在作业成本管理体系下，企业管理重点焦点从传统的“产品或服务”转移到作业上，作业管理主要是站在作业的技术层面，以管理作业的实际运作为中心，利用作业成本计算法的精确成本信息改进作业，消除无增值作业，提高作业效率，改进企业的经营效率，降低无效成本，并对作业进行评价，依据评价结果开展深入的作业管理与改进。

作业改进是融入作业分析之中的，在对作业链和价值链分析中进行动态作业改进。进行作业成本管理不仅仅局限于对作业流程细节的修补，还要从作业分析量的积累到企业流程再造的质的飞跃，流程再造是流程绩效实现的根本性、飞跃性进步。

（2）成本分摊。作业成本管理通过成本动因分析，找出作业消耗资源的资源动因和产品消耗作业的作业动因。资源动因是衡量资源与作业关系的中介，通过资源动因可以将资源合理地归集到相应的作业中。作业动因是衡量作业与产品关系的中介，它是引起作业消耗的原因，通过作业动因可以将作业成本合理地分配到相应的产品中去。

作业成本管理解决了传统成本会计对于间接费用分配不准确的难题，使得成本信息更加精确。作业成本管理中应用ABC法能够得到更加精确的成本资料，通过运用多种成本动因对资源进行归集，对作业成本进行分配。而传统成本会计对于间接费用的分配只使用单一的动因（如人工小时或机器小时）进行分配。

（3）内部价值评估和风险管理。在作业成本管理体系下，以作业会计提供的信息为基础，对企业内部组织单元的价值进行计量。这里说的内部组织单元包括产品、服务、顾客、部门等所有可辨认、可计量的东西；价值则是衡量组织单位经济属性的手段，可以是成本、收入、利润等。通过内部价值评估，有助于企业作出组织变革的各项决策。

（4）内部转移价格与盈利分析。基于作业成本的内部转移价格，能更好地发挥在市场细分和多维核算中的作用，是作业成本管理框架内盈利分析机制的重要组成部分。一个组织要实现自己的竞争战略，就必须具有持续的盈利能力。组织整体盈利能力是由各部门、各产品、各地区、各客户共同努力的结果。计量和考核各子单位的盈利，关系到是否正确评价各子单位对公司整体贡献程度的大小，但不恰当的评价会挫伤下属单位的积极性，妨碍后续工作。因此，从客观上要求开展多维盈利分析，建立多维盈利分析体系。

（5）多维决策支持。决策支持是ABCM系统价值的体现。在企业的所有生产经营活动中，成本活动是最基本的业务活动，而成本管理支撑着企业的其他业务管理。基于作业分析法的ABCM系统通过对“资源—动因—作业”的细致分析，使产品和服务的成本合理化，及时提供准确的成本信息，并对企业内部作业链进行管理，这一切都为决策提供相关信息，从而成为决策支持的基础。

三、标准成本法的内涵

1. 标准成本法的定义

标准成本法是指企业以先制订的标准为基础，通过核算和分析标准成本与实际成本两者之间的差异、揭示差异动因，进而采取措施对成本进行有效控制的管理方法。在运用标准成本法时，“标准成本”是指单位产品的标准成本；在成本差异分析环节时，“标准成本”是指实际产量下的标准成本。

2. 标准成本法的应用步骤

在标准成本法中，公司首先根据影响产品成本的相关指标确定标准成本，指标应根据公司的实际情况来选择，比如技术指标和经营指标。将实际成本与标准成本进行比较，分析和确定成本差异，通过差异的具体原因确定差异相关责任单位，并采取相应措施，实现成本有效管理。

（1）制订标准成本。标准成本一般是财务部门会同生产业务部门共同制订的，基于对公司生产经营实际情况分析，主要是对产品的生产环节进行全方位的分析和研究，分别设定各项成本的标准成本。标准成本包括直接材料、直接人工和制造费用。标准成本的基本计算公式见式（3-1）。

$$标准成本 = 标准用量 \times 标准单价 \tag{3-1}$$

1）直接材料标准成本制定。直接材料成本指的是直接用于产品生产的材料成本，影响因素是材料的用量和材料的价格。材料用量随着生产经营过程变动，企业现有生产设备及管理操作水平影响材料用量。单位产品耗用材料标准成本公式见式（3-2）。

$$单位产品耗用材料标准成本 = 材料价格标准 \times 材料用量标准 \tag{3-2}$$

2）直接人工标准成本制定。直接人工成本指的是直接用于产品生产的人工成本，影响因素包括人工用量和人工价格。人工用量即工时（消耗的时间），制订直接人工用量标准时应考虑岗位特点；人工价格即标准工资率，由企业根据自身经营情况制订，也可以根据国家劳动部门指导意见来制订，使用人工价格标准应不低于城市最低工资标准，同时兼具科学合理。

3）制造费用标准成本制订。制造费用分为变动制造费用和固定制造费用，制造费用等于标准用量（工时）和标准分配率的乘积。决定制造费用的因素是制造费用价格标准（分配率标准）和制造费用用量标准（消耗的时间）。

成本可分为固定成本和变动成本，前者固定不变，而后者随业务量的增长而增加，因此设置制造费用标准时应分别考虑。

（2）成本差异分析。标准成本法下将成本差异分为“有利差异”和“不利差异”。若实际成本大于标准成本则差额大于零，为不利差异；若实际成本小于标准成本，则差额小于零，为有利差异。标准成本法认为，为了降低资源成本消耗并提高成本管理水平，企业管理者需要发展有利差异，消除不利差异。

（3）成本差异的评估改进。标准成本法分为事前控制、事中控制和事后控制。事前控制包括经营决策和预算管理；事中控制即生产过程中的成本控制；事后控制主要是绩效考核和对数据分析后提出的优化建议。例如，直接材料费用的成本差异，如果是材料用量方面导致产生不利差异，需要在生产过程中加强物料领取使用的监督机制；如果材料价格的不利差异过大，则需要对物料购买招标的流程进行分析，研究是通货膨胀的大环境导致的材料价格上涨还是企业的招标竞价过程出现了问题。

四、作业标准成本管理的内涵

1. 作业标准成本管理的定义

作业标准成本管理是指把作业成本法的理念融入标准成本管理体系，即需先定义作业，再制订各项作业的成本标准，然后根据作业标准对成本费用进行控制，最后以作业标准来计算产品成本的一种成本核算与管控方法。

2. 作业标准成本管理的应用步骤

作业标准成本管理主要包括制订作业标准成本、划分作业成本中心、以作业为基础的成本差异分析三部分。

（1）制订作业标准成本。作业标准成本法成本核算的基础是制订作业标准成本，因此要先确认资源动因，以此归集作业中心成本。对历史数据进行加权平均，可以计算出作业中心的标准成本。

（2）划分作业成本中心。对企业现有的生产经营活动进行详细调研与分析，对相同性质的工作流程进行归纳，将工作性质相同、作业动因相同的作业归为同一作业中心。作业中心的划分界限是否清晰，每个作业中心的作业内容是否存在重叠或界限不清的问题，在划分作业中心时需要予以特殊关注。同时，划分作业中心的过程中要特别注意遵守成本效益原则，虽然作业中心划分得越详细，成本费用分配得越准确，但是过于详尽地作业划分，意味着要找出相应的成本动因，会引起相应的管理和维护成本上升。

（3）以作业为基础的成本差异分析。首先计算出产品的标准成本，将其与同一期间的实际成本进行对比，分析成本差异，找出具有不利差异的产品成本。其次对于产生不利差异的产品进行进一步的作业成本差异分析，找出此类产品成本差异较大的作业中心，从而有针对性地提出改进措施。应用作业标准成本法，进行成本差异分析时能够找出成本差异的根本原因所在，并且有助于企业成本责任的落实，提高企业成本管理效率。

第二节 电网作业标准成本体系架构设计

一、电网作业标准成本体系定位

1. 作业标准成本体系的建设背景

20 世纪以来，为符合企业经营管理特点、满足生产运营实际需要，电网企业逐步构建了一套标准成本管理体系。随着内外部经营发展环境的深刻变化，对原有的标准成本管理体系提出了更高的要求，需要对标准成本进行深化应用研究，使之更加适应业务和管理需要。

（1）落实企业战略目标。电网企业实施作业标准成本管理，将精细、精准、精益管理理念贯穿于生产经营流程各环节，提高了企业财务管理水平，极大增强了企业竞争力，为企业良性健康发展奠定基础。通过将资源投入与过程管理紧密结合，更加科学、合理、经济分配人财物资源，及时发现企业存在问题，找到解决问题方法和措施，极大减轻企业成本核算压力，更好地进行成本分析与控制，有利于企业发现并及时解决问题，规避企业风险，制订切实可行的成本控制措施，增强企业的经营硬实力与管理软实力，支撑企业战略目标落地。

（2）适应外部监管环境。伴随着电力体制改革的逐步深入，国家监管机构采用“准许成本 + 合理收益”的管制制度，根据电网企业的投入情况核实其准许收入，然后通过合适的分摊模式和计价方法形成输配电价，这一价格管制方式彻底改变了电网企业原有的盈利模式。因此，电网企业需要严格、准确、及时地记录各项成本费用。通过实施作业标准成本管理，以作业为成本分配对象，提供更为客观、开放、透明的监管所需成本信息。通过生产、营销、信息化、物资等作业分析，追根溯源，不断改进作业方式，在保障电网安全前提下，促进成本规模和结构持续优化，适应外部监管对成本管理的要求。

（3）实现可持续发展要求。可持续发展是指在保护子孙后代赖以生存的环境和自然资源基础上持续发展社会经济，即在维护当代人的利益，又不损害子孙后代的前提下协调发展社会、经济、环境及资源保护。发展固然是可持续发展的核心，但经济和社会的发展必须以保护环境和资源的永续利用为根本。企业可持续发展战略是指企业在追求自我生存和永续发展的过程中，既要考虑实现企业经营目标和提高企业市场地位，又要保持企业在已领先的竞争领域和未来扩张的经营环境中始终保持持续的盈利增长和能力的提高，保证企业长盛不衰。因此，电网企业实施作业标准成本管理，以作业中心为基础设置成本控制责任中心，将作业员工的奖惩与其成本控制直接挂钩，增强员工的成本意识，让员工清晰定位自身价值贡献，切实感受到自身工作与企业经营目标息息相关，促进员工持续改进工作，促进组织成本最优化和效益目标的实现。

2. 作业标准成本体系的建设目标

近年来电网企业通过引入“作业标准成本法”，即在标准成本法的基础上加入作业成本的思想，改变了标准成本以产品为成本核算和成本管理的核心，选择以作业为核心，计算作业标准成本，研究构建了作业成本标准体系，为开展同级电网企业成本横向对标、同类设备不同厂商比选、项目可行性研究评审、单个经营主体投入产出效能评估奠定坚实基础，助力企业提高成本管理和生产运营管理的精益化水平。

（1）精确把握电网运营作业成本管理现状。电网企业的成本管理范围覆盖企业产业链全部环节，从资金投入到资金退出，层层把控。成本管理集中化和精益化要求企业摒弃原有的粗放型管理方式，既要具有统一调控能力，又要充分发挥管理部门的监管职能。通过构建作业标准成本体系，可以打通作业与成本要素之间的映射关系，建立多维度、多指标，准确反映业务活动价值情况的成本大数据平台，对于不具经济效益的作业活动进行优化或者消除，严格把控企业费用支出，优化企业资源投资，保障电网投资项目的高效实行。

（2）打造行业领先的运营成本精益管理体系。电网企业成本管理需要兼顾价值导向和统筹平衡。价值导向是要求企业以创造价值最大化为目标，以最低成本收获最大收益。统筹平衡要求企业在项目成本进行考核时，应充分考虑企业的发展需求和生产能力，在公司战略目标的指导下，兼顾短期利益与长期投资，以确保电网企业的可持续发展。通过构建作业标准成本体系，借助成本大数据信息和先进数据挖掘技术，规范业务各环节管理制度和流程，统筹各地经营情况，建立成本测算、跟踪、调节等精益管理体系，促进精准科学配置人财物资源，实现提质增效。

（3）促进电网企业各层级成本管理水平提升。电网企业成本管理要求突出重点，实现分类分层次管理。依托作业成本建立针对各级管理单元的成本管理差异分析、指数评价、人员激励的机制，对于关键环节或者影响重大的环节进行重点管控，并将成本责任落实到具体生产环节，追溯资金支出源头，不断提高业财融合管理水平，促进成本信息多维立体、开放透明，更好地适应各地监管与核价的要求，提升电网企业成本管理水平。

（4）力争达到国际领先的成本管理治理水平。电网企业成本管理要求系统全面、科学合理。好的成本管理对于促进提质增效、加强经济核算、改进企业管理、提高企业整体成本管理水平具有重要意义。通过构建作业标准成本体系，精准刻画最小价值单元，激发价值创造活力，推进公司治理体系和治理能力现代化，全面推进电网企业成本管理体系优化升级，加快建设世界一流示范企业，实现电网企业的高质量发展。

3. 作业标准成本体系的建设原则

作业标准成本法中制定的作业标准成本不是一成不变的，而是随着企业发展和成本管理的情况不断调整，是一个动态的循环过程。因此，需遵循以下几个基本原则。

（1）成本效益性原则。成本效益性即投入产出比。实施作业标准成本法时，划分作业中心是其中的关键环节，常常因作业划分过于详细大大增加企业的实施成本和管理成本，不符合经济性。所以，电网企业在制订作业标准成本时应基于企业原有的各项费用的年度标准成本体系，以及原有的成本管理框架，以便能够降低实施成本，提高作业标准成本法的实施效果。

（2）动态及时性原则。动态性是指在制订作业标准成本时对电网企业内部的全过程成本进行控制。及时性要求电网企业在制定作业标准成本过程中要及时按照管理要求收集相关信息，取得有效凭证，确保各口径成本数据及时更新，同时进行数据分析，制订标准成本，并及时传递信息给相关部门，以便于调整作业成本制订情况。电网企业的作业标准成本管理方案应不断完善、持续改进，作业中心应根据生产经营状况不断细化进行合理化调整。因此，电网企业应该建立成本修订的工作流程，随着企业成本管理水平的不断提升，持续优化电网企业的作业标准成本，及时完善成本管理体系。

（3）多部门协同性原则。电网企业生产环节较多，每个环节都是成本控制的重点。制订作业标准成本需要多个部门互相配合，通过建立部门间的长效合作机制，加强横向、纵向协调联动，形成各司其职、各负其责、齐抓共管、运转高效的工作格局。同时建立信息沟通机制和重大问题协商机制，一方面加强部门间信息沟通，由牵头部门向各部门通报工作进展情况，各部门应及时沟通相关工作情况，实现信息互通互享。针对工作推进中出现的新情况、新问题，及时共同研究，达成共识，强力推进。另一方面当在工作任务推进中遇到重大、疑难问题时，由牵头部门统筹，会同各责任部门沟通协商，研究解决措施，确保工作任务顺利推进。

二、电网作业标准成本体系设计思路与方法

1. 电网作业标准成本体系的建设思路

按照“产出消耗作业、作业消耗资源”的逻辑，从电网业务活动入手，根据各类业务活动的规律、规程和规定，通过将业务细化为作业，从而确定单项资产所涉及的作业类型、作业数量、作业频率，再将资源动因按照不同成本要素分配到各项作业，逐一测算每项作业的成本费用（包括人工费、材料费和机械使用费），最后反向汇总形成单位资产成本定额，进而实现从前端生产作业到末端定额标准的贯通，为科学编制预算、业财高效协同、多维精益管理、服务外部监管提供有力支撑。

2. 电网作业标准成本体系的建设方法

电网企业生产运营成本是电网成本的重要组成部分。电网企业生产运营成本主要包括运维检修费、其他运营费用等。下面以运维检修费用为例来阐述作业标准成本体系建设方法。

根据业务类型、电压等级、资产性质等属性划分典型资产，选取其中使用最广泛的典型设备，并依据行业规定、业务规程、管理要求等明确针对典型设备开展的典型项目和作业集合，在此基础上逐一测算典型作业的人工、材料、机械台班消耗量，再结合公开招标采购价格，形成作业标准成本。

（1）选取“典型”梳理业务活动。梳理业务活动是指明确责任主体及特定作用对象，以获取资源、维护资源或价值创造为目的，并在执行过程中消耗资源的业务过程。基于业务活动，选取“典型”，通过记录资源需求、资源消耗的“量”和“价”，实现对产品服务成本的记录与核算。

1）典型资产。依据业务规程和管理要求，根据电网企业典型设计，并结合使用占比情况，选取实际业务场景中使用最广泛、最具代表性的电网资产作为典型资产。

2）典型设备。结合电网企业实际应用情况，确定典型资产所含的设备种类、型号及数量。例如：110kV GIS 户内变电站中配置 2 台主变压器的比例较高，因此可以选取 2 台主变压器、户内布置 GIS 的变电站样本作为典型设备进行分析。

3）典型项目。结合国家和企业专业管理要求，确定典型设备所含的业务工作集合。例如，常见的主变压器检修项目包括综合检修和分项检修。

4）典型作业。在项目基础上进一步细分具体作业内容，形成典型作业库。例如，变压器检修中可以再细分为变压器干燥、绕组检修、铁芯检修、吊罩检修等明细作业。

（2）建立单个作业标准库。作业标准库主要用于确定单个作业的资源消耗量标准和单位价格标准。针对选取的典型作业，根据生产工艺、技术规程、市场价格等，测算其人工、材料和机械台班的资源消耗量标准。同时，结合当地物价水平、职工工资等情况，确定材料采购、劳动用工、机械租赁等各个作业的单价标准，并根据市场价格进行动态修正。

（3）建立作业成本定额库。作业成本定额是电网企业核算业务成本费用标准，是单个作业所消耗的人工、材料和机械台班的量价合计（含频次、调整系数）费用金额。即

$$人工费=\Sigma（各类型人工单价 \times 相应工日） \tag{3-3}$$

$$材料费=\Sigma（各类型材料单价 \times 相应材料消耗量） \tag{3-4}$$

$$机械台班使用费=\Sigma（各类型机械台班单价 \times 相应机械台班消耗量） \tag{3-5}$$

$$单项检修作业费用=\Sigma（人工费+材料费+机械台班使用费） \tag{3-6}$$

在计算作业标准库时，需要综合考虑以下三个重要因素。

1）考虑电网设备性能、生产运行和检修维护状况，计算作业所消耗的资源量和作业活动的频次，形成标准作业库。

2）考虑市场供需情况、历史成本数据、工程定额和供应商信息，测算人、材、机的单价标准。

3）根据标准作业库的资源消耗量和单价标准，结合作业频次、调整系数等参数，确定作业成本定额。

（4）建立项目成本定额库。电网运维检修项目一般包含众多作业活动，将这些作业活动消耗的资源金额合计起来就是运维检修成本的基础标准，其计算方法是汇总并累加各类运维检修项目中所包含作业活动的作业成本定额。

（5）建立单台设备成本定额。单台设备成本定额是指在典型作业标准和项目成本定额确定的基础上，按照不同的资产分类标准，制定的单位输配电资产的年度成本消耗标准。计算方法是：

1）汇总计算单台设备在一个年度内所发生的运维检修项目的成本费用消耗。

2）根据典型方案，汇总并计算一个年度内单座变电站（或者每千米架空线路、每千米电缆线路）所发生的运维检修作业所消耗的成本定额。

（6）建立单站 / 单千米成本标准。选取不同电压等级的典型变电站，根据变电设备台数、单台设备成本定额，计算一个年度内不同电压等级的典型变电站运维检修活动的成本总额。同理可以测算出一个年度内不同电压等级的典型输电、配电运维检修活动的成本标准。

对比分析典型与非典型资产以及地域、地形等客观差异，通过设置折算系数，对成本标准进行优化平衡。在设置典型与非典型设备之间的系数时，比如在输变电资产检修运维中，选取 2 台主变压器作为典型，将其系数设为 1，其他主变压器台数计算相应的系数，非典型用整站标准乘以主变压器台数对应的系数获得成本规模。而在设置不同区域之间的系数时，如在测算输电线路成本标准时，根据行业定额将地形分为平地、丘陵、山地三挡，以平地为典型，相应调整丘陵、山地的系数。再根据不同省份地形情况加权计算各省综合地形系数，用于测算线路检修成本标准。

三、电网作业标准成本体系内容

通过引入作业标准成本管理理念，结合电网企业历史标准成本，研究构建电网企业作业标准成本体系。电网企业生产运营成本主要包括运维检修费用、其他运营费用等。

1. 运维检修费用

运维检修费用主要用来归集电网生产运行环节发生的成本费用，主要包括电网检修运维作业成本、电力营销服务作业成本、信息系统运维作业成本、数据资产运营作业成本。作业活动主要涉及变电检修、输电检修、配电网检修、通信检修和变电运行等业务。

（1）电网检修运维作业成本。主要包括电网变电检修及运行作业成本、输电线路检修作业成本、配电网检修作业成本、调度资产检修作业成本及通信资产检修作业成本等。

（2）电力营销服务作业成本。主要包括电能计量、用电营业、智能用电、市场能效等成本。

（3）信息系统运维作业成本。主要包括为维护网络、主机、设备、安全系统、业务应用系统、机房环境等在内的信息系统所发生的现场监护、日常运行、事件处理、系统调优、设备巡检、应急服务等成本。

（4）数据资产运营作业成本。主要包括为支撑数据资产管理和数据应用所发生的数据管理、数据应用、主题展示等成本。

2. 其他运营费用

其他运营费用主要包括电网输配电环节为企业运营、管理所发生的除购电费、输电费、折旧费、工资和电网检修运维成本以外的其他各类费用。

根据电网企业业务性质的不同，运维检修费用采用作业成本法建立成本标准，其他运营费用采用动因分析法建立成本标准。其中，动因分析法按照人员动因类、资产动因类、营业规模动因类、行为动因类和政策动因类等进行成本费用的分摊。

第三节　电网作业标准成本管理

一、电网作业标准成本管理架构设计

1. 电网作业标准成本管理体系设计思路

以作业工单为核心，覆盖组织、资产、项目三个维度，集成贯通“人、材、机”等资源管理的相关系统，统一业务活动与价值活动，有效融合电网资源的资产管理、作业资源、作业管理与财务成本管理。通过开展成本多维度分析，实现在作业层解析成本差异，在项目层量化成本管理，在设备层归集全寿命成本，在资产层评价投入产出，在组织层评价成本效益。电网作业标准成本体系管理逻辑框架图见图 3-1。

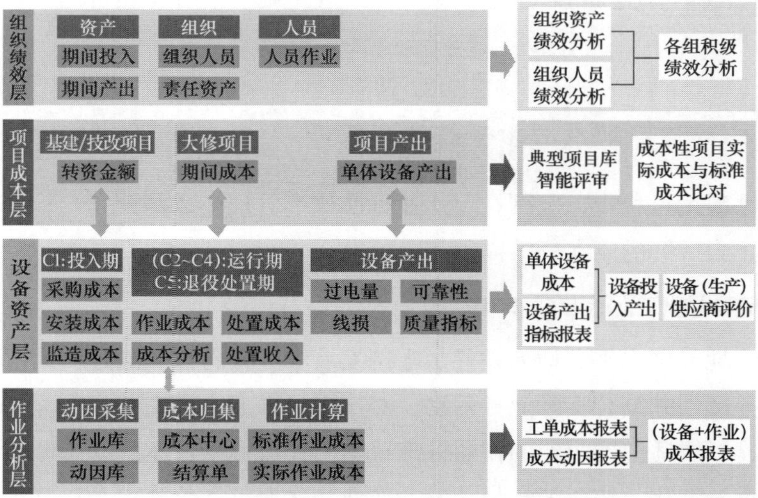

图 3-1　电网作业标准成本体系管理逻辑框架图

2. 电网作业标准成本管理体系流程设计

以深化“资源精益分配、成本精确反映、成本精细管控、效益精准评价”为主线，依托电网企业作业标准成本及动态完善成果，基于作业标准成本法，以作业工单（工作票、巡视记录、配抢单等）为核心，实施业财信息系统改造，在作业动因侧规范获取工作内容中的设备及作业信息，在资源动因侧整合相关人、材、车辆等生产资源管理系统。结合设备管理系统和ERP现有功能，重塑工单载体，打通业财数据链路，优化成本归集方法，实现成本信息的可追溯、可计量，并从实际成本和标准成本开展差异分析，寻找业务管理薄弱环节，支撑业务流程和作业组织优化，有力支撑提质增效。作业标准成本管理体系流程图见图3-2。

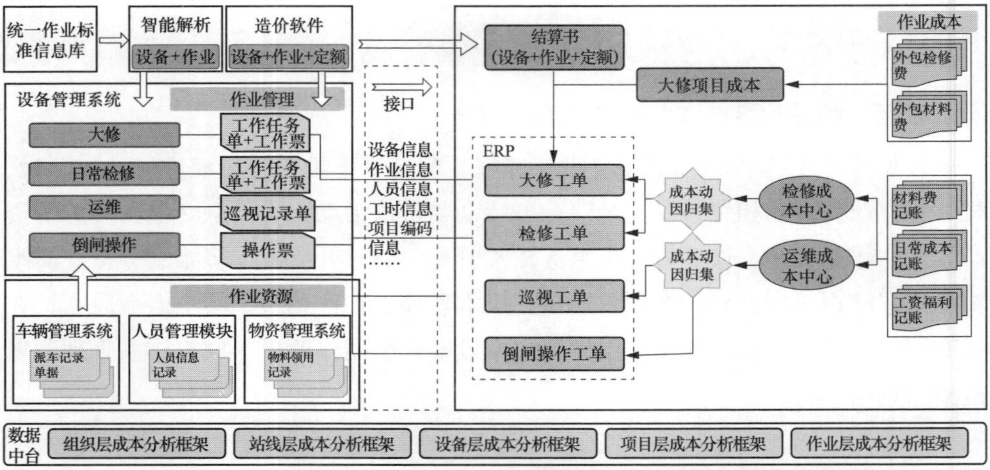

图3-2 作业标准成本管理体系流程图

二、电网作业标准成本动态优化管理

在实际应用过程中，电网企业作业标准成本管理体系基于作业标准成本开展动态修编，为后续的成本分摊提供相应标准。

1. 动态调整作业标准成本

基于当地经济水平、地域差异、电网发展和业务特点，通过协同电网企业内部各个业务部门并结合实际业务活动，对历史标准成本库中的作业标准成本进行动态调整，形成适应本企业的作业标准成本。作业标准成本的动态调整主要包括作业条目拆分细化、作业消耗量调整、作业频次调整和价格水平调整等。下面以某电网企业作业标准成本动态调整为例讲述作业标准成本的动态调整。

（1）作业条目拆分。以某变压器为例，标准成本库中共有421条检修作业，某电网企业通过组织现场检修人员优化完善作业条目、作业内容、频次、数量等信息，形成509条检修作业；组织财务人员、专业造价人员根据定额、历史经验值等，按照本章第二节所述作业标准成本建设方法逐一测算每项作业消耗的人工、材料、机械台班费用，形成单项作业成本定额，对原有的作业成本进行补充、迭代。

（2）作业消耗量调整。根据实际业务情况和各类检修运维记录，调整相应作业条目中的人工、材料、机械台班的消耗量。

（3）作业频次调整。根据变电检修运维规程，以及设备管理系统项目库、工作票、缺陷库、抢修单等设备检修运维记录，调整各类作业的频次，提高作业消耗测算精准度。

（4）价格水平调整。价格水平调整主要包括人工单价、材料价格和机械台班价格的调整。

1）人工价格调整。历史作业标准成本库中人工单价按照正式职工和临时职工划分，因此在进行人工单价调整时需要同时对正式职工和临时职工的工资水平进行测算。

首先测算正式职工的工资水平。根据某年度某电网企业的人工成本，以一年365天测算日均人工成本，测算出某企业在岗职工平均人工成本。

其次测算临时用工的工资水平。我们可以选取两种方法进行测算，一是根据官方发布的统计年鉴数据进行测算。比如，按照某年度某省统计年鉴中城镇非私营单位（电力）其他从业人员平均劳动报酬，考虑城镇居民可支配收入涨幅，以一年365天测算日均人工成本。二是通过市场调研来测算临时用工的工资水平。

2）材料价格调整。这里的材料价格包括消耗性材料价格和装置性材料价格两种。根据近两年某省电力工程、物资、服务招标价格，对隔离开关、保护装置、塔材、导地线、绝缘子、电力电缆等装置性材料价格进行动态调整；而消耗性材料价格根据地方建筑材料官方网站发布的价格信息，动态调整板材、防火材料、中砂、PVC管等材料价格。

3）机械台班价格调整。同样，按照材料价格的动态调整思路，我们可以根据实际电网企业的机械使用情况、购置成本，以及近两年电力工程、物资、服务招标价格，调整载重汽车、高空作业车等机械台班单价，同时增补叉车、吊车等机械台班价格，提高作业成本水平合理性。

因此，根据上述对作业标准成本体系的动态调整，某电网企业基于历史标准成本库中2840条作业标准成本，通过对作业进行拆分细化、调整作业消耗量与频次、更新价格水平等，形成3144条本地化作业条目，提高作业活动本地化匹配程度。某电网企业形成的作业标准成本体系调整情况如表3-1所示。

表3–1　　某企业作业标准成本动态调整情况

专业	历史作业标准成本库		本地化作业标准成本库		价格库修编		
	设备量（类）	作业量（条）	设备量（类）	作业量（条）	人	材	机
变电	17	1899	17	2207	1	512	281
其中：沿用	—	1735	—	1735	—	—	—
拆分	—	155	—	472	—	—	—
不适用	—	9	—	—	—	—	—
输电	12	507	12	507	—	462	273
配电	17	354	17	354	—	—	—
营销（计量）	10	67	15	63	—	—	—
后勤（管理用房屋大修、物业管理费）	—	13	—	13	—	—	—
合计	56	2840	61	3144			

2. 构建设备典型作业包

设备典型作业包是根据现场检修人员经验，将实际现场经常性检修项目的典型作业进行打捆，按照作业包来进行检修的一种管理方式。通过使用典型作业包可减少员工的系统输入工作量，并进一步完善作业标准成本库，提高作业标准成本不同业务场景适用性。

以某电网企业为例，根据不同专业管理要求、检修导则等规程及实际工作经验，梳理变电检修经常性项目典型作业，灵活调整标准范围内容，构建完成21个变电专业典型作业包，涉及变压器、电压互感器、电流互感器等设备，覆盖10~1000kV电压等级。同时依托作业标准库，完成变电专业2207条本地作业与2543条电网检修工程预算定额对应关联关系，并植入造价软件系统，输出“设备+作业+定额”模式的估算书和结算书。

3. 建立作业标准信息库

在信息系统中建立统一作业标准成本信息库，在衔接电网企业标准成本库的同时，便于造价软件、设备管理系统、ERP 等业务系统直接调用，将作业标准成本融入业务管理流程。

三、电网作业标准成本数字化建设

电网作业标准成本数字化建设包括规范成本信息单元、贯通业财信息系统、制定成本归集规则和搭建成本分析平台四部分内容。

1. 规范成本信息单元

成本信息单元指各类生产系统原始业务记录（例如工作任务单、工作票、操作票、巡视记录、抢修单等）经系统转换后，生成的生产成本精益管理所需的标准化数据格式。成本信息单元可以将原有零散的各类生产信息进行整合，明确了业务数据与财务数据的标准和接口，作为贯通设备与财务专业的信息纽带，是相关系统传输的最小颗粒度，实现了业务与财务的有效沟通。

成本信息单元以“设备 + 作业”为核心内容，横向穿透票内 (工作票、巡视票、操作票)、票外（调试报告、试验报告）5 类业务活动，覆盖全量业务，纵向贯通作业成本、作业资源、作业对象，整合 13 项业务信息、5 项资源动因、4 项作业动因。其中，资源动因用作业活动耗费的资源来进行度量，作业动因指的是作业为设备运检服务的标准。成本信息单元如表 3-2 所示。

表 3–2 成本信息单元

序号	字段类型	字段名称	必填	备注
1	基本信息	设备 + 标准作业	是	通过生产业务记录派生获取
2		设备所属站线或者间隔	是	工作票中填写的变电站、线路或者间隔
3		作业班组	是	生产业务记录直接获取
4		实际开始 / 结束时间	是	生产业务记录直接获取
5		实物 ID	是	扫描后自动获取
6		计划开始 / 结束时间	否	生产业务记录直接获取
7		专业细分	否	生产业务记录上的设备派生信息

续表

序号	字段类型	字段名称	必填	备注
8	基本信息	原始单据编码	否	生产业务记录直接获取
9		功能位置	否	通过所属站线间隔派生
10		工作中心	否	由作业班组派生
11		作业内容	否	生产业务记录直接获取
12		电压等级	否	由设备信息或设备所属站线或间隔派生
13		原始单据类型	否	生产业务记录直接获取
14	资源动因	人员信息	是	生产业务记录直接获取
15		供应商信息	否	在获取外部人员信息后，派生出的外部供应商信息
16		班组备品备件使用信息	否	前期建议新增该字段并手工输入，计划后续通过物资管理系统与设备管理系统接口功能获取
17		车辆使用信息	否	前期建议新增该字段并手工输入，计划后续通过车辆系统与设备管理系统接口功能获取
18		仪器仪表使用信息	否	前期建议新增该字段并手工输入，计划后续通过仪器仪表系统与设备管理系统接口功能获取
19	作业动因	项目编码元素	是	通过项目数据获取
20		资产号	否	由设备信息派生
21		成本中心	否	由工作中心派生
22		项目类 / 非项目类	否	生产业务记录直接获取

2. 贯通业财信息系统

贯通业财信息系统是实现电网企业业财融合管理的重要支撑。通过多部门协作制定业财数据标准、业务管理规范和系统集成规范，将价值量赋能业务活动，进而达到业务精益管理和价值提升的目标。贯通业财信息系统最大的特色是可以打破业务部门数据向财务部门数据传输的壁垒，使业务信息数据成为财务管理数据的源头，促进业财深度融合。

电网企业业财链路系统贯通涉及设备管理系统与 ERP 系统的改造。通过应用以“设备 + 作业”作为贯通设备与财务专业的信息纽带，归集包含单次作业的资源动因（人、材、机）、项目信息（人员、供应商、项目编码）、设备信息、作业内容、标准作业类型、计划时间、实际时间、工作中心等，作为各业务与财务管理系统贯通的标准数据结构。

在生产系统侧，规范完善生产系统原始业务单据（巡视记录、工作票、操作票、工作任务单、电网抢修单等）。通过与物资管理系统的集成获取真实的物料消耗信息，与车辆管理系统的集成获得车辆使用时间和里程作为车辆投入和人员投入的动因，与人员管理模块集成按工作票区分内外部人员的到位情况，提升业务数据质量，归集资源消耗数据，构建成本信息单元，传递至 ERP 系统。

在财务系统侧，将成本信息单元按“设备 + 作业”维度自动构建工单（主要指大修工单、运维工单、检修工单等，是由成本信息单元传输到 ERP 系统中创建的、面向实务的工单），并将财务账面实际结算成本按“设备 + 作业”维度归集至对应工单，再将工单信息传递至信息系统。

基于工单信息，应用信息系统算力，构建适应多专业要求的生产成本计算与分析模型，实现单体设备单项作业成本的常态化统计，支撑作业层、设备层、项目层、站线层、组织层等各维度分析，真正实现“业务数字化、数字业务化”。

（1）人员工时信息采集。人员工时信息采集途径主要有：工作票上的工作组成员、时间信息填写完整的单位，可以通过工作票上工作组人员名字关联人员管理模块校验获取内 / 外部人员区分信息，并根据实际开始 / 结束时间计算工时信息；工作票上信息质量差的单位，可以在结算环节要求供应商或造价结算机构在业务结算单据中增加人员信息及工作时间；还可以在工作任务单编制界面，增加“人工工作量”输入项，由业务人员填报后获取工时信息；有条件的地区可用手持终端同步电子工作票记录工时。获取相关人员工时信息后，实时传递到工单上。某企业工作票如图 3-3 所示。

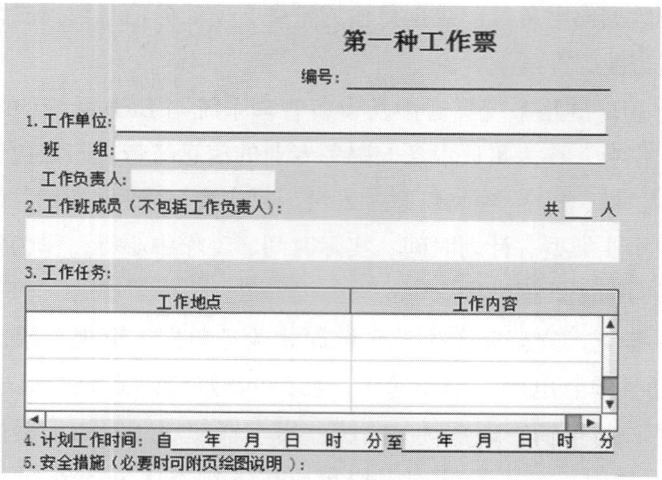
第一种工作票

编号：

1. 工作单位：

班　组：

工作负责人：

2. 工作班成员（不包括工作负责人）：　共＿人

3. 工作任务：

工作地点	工作内容

4. 计划工作时间：自　年　月　日　时　分至　年　月　日　时　分

5. 安全措施（必要时可附页绘图说明）：

图 3–3　某企业工作票

（2）材料耗用信息采集。作业材料消耗信息采集途径有：①已建立物资管理系统的单位，可以通过设备管理系统和物资管理系统建立接口，将领料、退料数量、单价、金额信息挂接在工作票等业务单据上，同步传递至 ERP；②无物资管理系统的单位，可以通过在 ERP 物资需求提报界面增加"设备"维度，明确领用物资的服务对象，实现了对 ERP 工单中材料成本的归集；③实现成本全项目化管理的单位，还可以通过在结算单的物资结算信息中增加"设备"维度，要求供应商或造价结算机构按要求填列获取。

（3）机械台班信息采集。通过设备管理系统与车辆管理系统的贯通，将车辆管理系统记录的车牌、出工时间、油耗等信息，挂接至工作票等业务单据同步传递至 ERP，使车辆台班信息可以对应到每一张业务单据，结合车辆管理系统对车辆年度使用成本（保养成本、维修成本等）和单次使用成本（停车费、过路过桥费）的记录，为设备管理系统业务单据车辆台班成本计算提供有效的数据支撑。

（4）作业工单创建与确认。作为 ERP 系统新增工单类型，设备作业工单不影响各单位目前使用的 ERP 业务工单。在设备管理系统业务单据归档后，设备管理系统根据成本信息单元规范，提取"成本信息单元"推送至 ERP 系统，在 ERP 系统自动创建设备作业工单。设备作业工单由接口数据触发后直接后台自动创建，后续报工、核算也由系统后台自动运行。

3. 制定成本归集规则

业财链路贯通后，针对项目类和非项目类管理特色，按季度在 ERP 系统中将项目成本、成本中心成本按照归集分摊规则整合，以工单为成本归集对象，归集财务成本、作业动因。归集后传至信息系统，在信息系统按照拆解规则将工单成本拆解至“设备 + 作业”的明细成本，实现作业层、设备层成本层层穿透、逐级汇总。

（1）非项目类成本核算。非项目类成本是指电网企业运维人员为从事的巡检、维护、操作等各类作业，以及为监督、服务外部人员进行作业所投入的人工、材料、机械等成本。非项目类成本核算要求对电网生产相关的成本中心进行划分，主要分为组织层成本中心和设备层成本中心。组织层成本中心设定为各地市（县级）公司生产管理部门及以上层级成本中心，各地市（县级）公司生产管理部门及以下层级成本中心为设备层成本中心。组织层成本中心归集的各类生产成本可认为与设备不直接相关，所归集的生产成本不向下分摊。设备层成本中心中归集的生产成本按成本类别确定是否向下分摊。设备层成本中的最末端为班组成本中心，可认为班组成本中心的成本都要向下分摊至设备作业工单。

非项目类成本核算流程如图 3-4 所示。

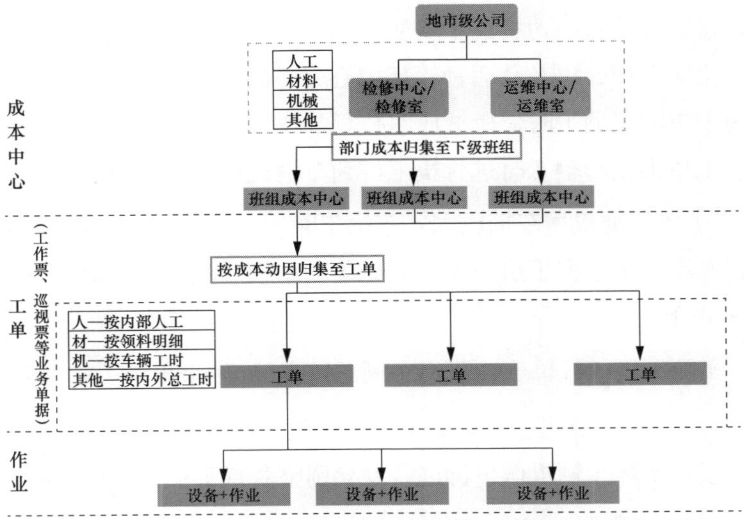

图 3–4 非项目类成本核算流程

非项目类成本主要有人工、材料、机械三类。

1）非项目类人工成本。人工成本包括内部正式员工的工资、奖金、社保、福利等全部成本的总值。人工成本的分摊动因为工单的内部工时。非项目类人工成本核算步骤如下。

首先，工单根据成本信息单元的内部人员工时进行自动报工，得到人工成本的标准成本值。

$$工单标准人工成本 = 工单内部工时 \times 标准人工单价 \tag{3-7}$$

其次，在期间末根据班组成本中心归集人工总成本及内部工时总额来计算实际人工单价。

$$实际人工单价 = 班组人工总成本 \div 班组内部工时总额 \tag{3-8}$$

最后，根据实际人工单价进行差异调整获得工单人工成本。

$$工单人工成本 = 工单标准人工成本 + 工单内部工时 \times (实际人工单价 - 标准人工单价) \tag{3-9}$$

2）材料成本。物资管理系统中材料成本通过将设备管理系统业务单据与实际领料凭证进行关联，及时反映设备作业的实际领料情况，设备作业材料成本可以通过领料情况实现直接归集：

$$设备作业材料成本 = 领料信息记录的成本加总 \tag{3-10}$$

3）机械成本。机械成本目前主要考虑车辆成本，包含了车辆的折旧费、修理、维护、过路过桥费、司机的工资奖金等。车辆成本主要包括记录在班组成本中心的生产用车费用，以及从后勤管理中心分摊确认的车辆使用成本。车辆成本分摊动因为工单的车辆工时，机械成本核算步骤如下：

首先，工单根据车辆工时进行报工得到车辆机械的标准成本值。

$$工单标准机械车辆成本 = 车辆工时 \times 标准车辆机械单价 \tag{3-11}$$

其次，在期间末根据班组成本中心归集的车辆总成本及车辆工时总额计算实际车辆机械单价。

$$实际车辆机械单价 = 班组车辆总成本 \div 班组车辆工时总额 \tag{3-12}$$

$$班组车辆总成本 = 班组生产用车费用 \tag{3-13}$$

最后，根据实际车辆机械单价进行差异调整获得工单车辆机械成本。

$$工单车辆机械成本 = 工单标准机械车辆成本 + 车辆工时 \times (实际车辆机械单价 - 标准车辆机械单价) \tag{3-14}$$

（2）项目类业务成本核算。根据运维检修对象的不同，项目类业务成本项目分为大修项目、有明确设备的运维检修项目、其他运维检修项目三类。

1）大修项目。

项目立项阶段，维护大修设备清册，结合作业标准成本库，嵌入造价软件，编制“设备 + 作业 + 定额”项目估算书，在线比较估算与财务标准成本。

项目实施阶段，沿作业链路贯通“设备 + 作业 + 项目”信息。

项目结算阶段，依据现场实际作业及签证情况，在估算书的基础上进行调整，在造价软件上编制“设备 + 作业 + 定额”项目结算书，通过数据接口，在 ERP 中自动完成分包结算，实现装置性材料、项目实际作业工单、估算书与结算书四者的在线比较分析。

其中项目估算书、结算书与标准作业的匹配，可以通过建立作业与定额映射关系实现。大修项目成本核算流程图见图 3-5。

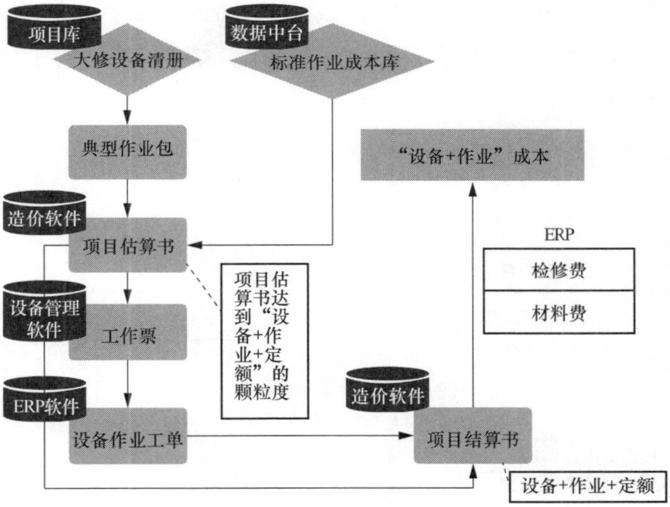

图 3–5 大修项目成本核算流程图

2）有明确设备的运维检修项目。有明确设备的运维检修项目需在设备管理系统业务单据中维护对应项目编码。通过设备管理系统与人员管理模块接口，区分外部相关人员信息。项目最终结算后，根据项目下所属设备作业工单的人员工时信息，将结算书成本分摊至各个设备作业工单。与大修项目成本相同，有明确设备的运维检修项目所属设备作业工单也需要核算成本。有明确设备的运维检修项目核算流程图见图 3-6。

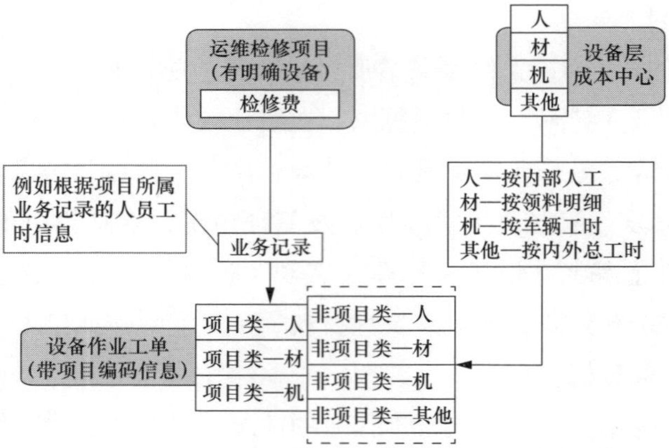

图 3-6　有明确设备的运维检修项目核算流程图

3）其他运维检修项目。其他运维检修项目需要根据“项目细分”字段判断项目成本最终结算至“设备层”还是“组织层”，结算至组织层的成本会构成非项目类成本的组成部分，继续向下分摊。其他运维检修项目核算流程图见图 3-7。

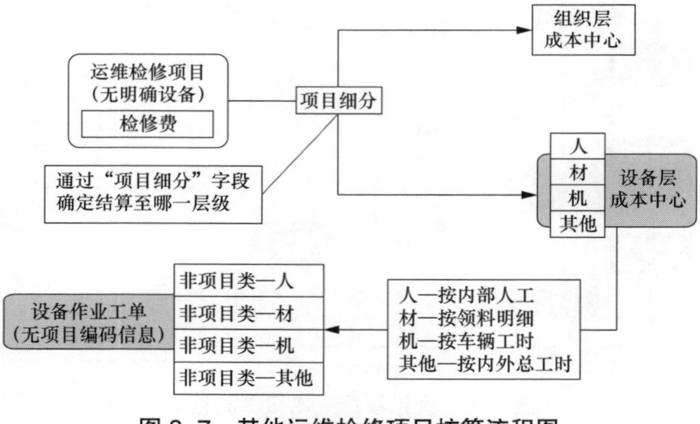

图 3-7　其他运维检修项目核算流程图

（3）成本信息归集载体。在 ERP 的模块中单独新增一类工单类型用于承载设备管理系统传递过来的“成本信息单元”内容，并归集 ERP 财务侧实际结算成本信息。ERP 中模块相关开发如下。

1）ERP 端实现工单贯通接口接收端开发，具备接收设备管理系统端传输的“成本信息单元”，在 ERP 端按“自动创建工单规则”生成 ERP 系统工单，并根据收集的工时等动因信息自动报工。

2）通过 ERP“作业成本实际核算”程序，计算各成本中心作业实际成本，运行“工单重估”程序，核算各工单实际非项目类人工、机械车辆成本等。

3）根据设备管理系统传输的领料信息，核算获得工单实际材料成本。

4）开发导入功能，将结算书导入 ERP 系统，形成与作业标准成本对应的结构化项目类成本信息，匹配工单工序中“设备 + 作业”关键信息，作为结算的参考。

5）在 ERP 或信息系统中开发具备标准成本与实际成本对比和量价分析的工单全景展示报表。

6）为减少业务工作量，日常仅需要程序执行完成后，由财务人员对最终处理结果进行确认即可。

7）在 ERP 系统中对工单实际成本进行归集后，将工单所有数据推送至信息系统，应用信息系统算力，实现单体设备单项作业成本的常态化统计，支撑多维度分析。

4. 搭建成本分析平台

在信息系统构建成本量化分析可视化平台，开展成本在各层级的结构性、差异性、关联性分析，实现在作业层解析成本差异，在项目层量化成本管理，在设备层归集全寿命成本，在资产层评价投入产出，在组织层评价成本效益，反映不同设备成本特点，不同资产成本水平，夯实作业标准成本迭代更新基础。进一步搭建“班组员工效率效益、设备选型及供应商比选、技改 / 大修项目策略优选、业务计价模式优化”四大分析场景，提升成本量化分析价值，深化分析成果应用。成本分析数据平台架构图见图 3-8。

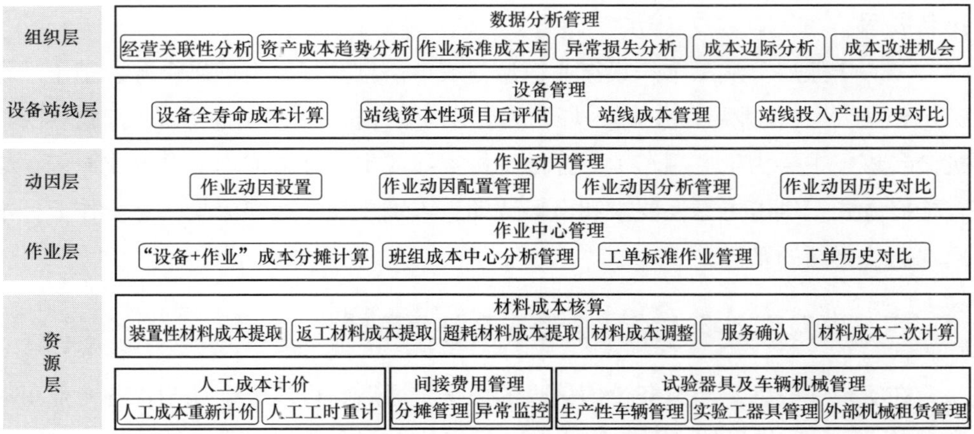

图 3–8　成本分析数据平台架构图

（1）组织层。全面应用多维精益管理成果，提取多维精益管理核算的各层级组织生产成本，获得组织层成本报表。在信息系统展示全省成本概貌、地市排名，以及变电、配电、输电三大专业实际成本、标准成本、成本偏差率，变电站运检成本、实物资产原值等数据。进一步开展成本分析，穿透定位并研究分析成本费用异常或波动的原因，评价成本效益，精准定位提升改进方向，促进成本精益管理。

（2）站线层。梳理站线对应设备信息，将设备直接成本向上汇聚至站线层，对变电站进行总体画像与单体画像。根据设备主人制，将设备间接成本（班组成本）归集分摊至站线对象，得到资产站线层总成本，评价成本投入产出。在信息系统展示运检实际成本、标准成本、成本偏差率、变电站个数、变电容量等信息，接入变电站地形特征、资产成新率、污秽等级等成本敏感性相关要素，分电压等级对成本增长率、差异率、资产绩效等开展多维分析。

（3）设备层。汇总单个设备全寿命周期作业成本，获得设备全寿命周期运维检修成本，结合设备折旧、财产保险、退役处置费用补全设备全寿命周期成本，为评价设备运维成本效率奠定基础。在信息系统中展示分析设备成本概貌、设备类型画像和单体设备画像，其中设备成本概貌界面包含设备台账数量、实际人工成本、实际材料成本、实际机械成本等信息，分专业、分设备类型对比标准成本进行偏差分析。

（4）项目层。对项目成本进行人工、材料、机械的实际成本与标准成本差异分析，掌握项目成本进度与成本总体情况，助力优化项目管理，并对各地市进行排名展示。

（5）作业层。从工单采集作业信息与成本信息，归集至信息系统，基于“设备＋作业”，在作业层对作业小类开展成本偏差分析。从作业频次、工时、耗材、机械台班（主要为生产用车）等方面解析实际成本与标准成本差异形成原因。结合检修方式、供电可靠性要求和市场波动，辨别主观、客观因素，夯实作业标准成本迭代更新的基础。

四、电网作业标准成本典型应用场景设计

在实现业务信息与财务价值信息的数据贯通后，可以准确地归集各专业每一台设备/每一项作业的实际检修成本，为定位电网企业实际成本的支出去向提供作业级的数据依据。“组织—设备—项目—作业”的成本关联、标准成本与实际成本的有效衔接也为公司开展各层级的评价决策提供了支撑。

1. 成本波动差异分析

作业标准成本体系结构包括资产层、设备层、作业层三个层级。通过三个层级实际成本与标准成本的差异比对，可以反映出业务、管理、技术等不同层面的异常情况和发展变化，便于锁定问题、追溯原因，推动作业标准成本体系自身的不断迭代优化，为标准成本体系在公司运营管理各层级的深化应用奠定基础。

（1）资产层成本差异分析。资产层成本展示了业务投资结构，可引导未来资源投资方向。通过区分日常检修工作、专项工作，对比分析实际成本与标准成本，计算年均单位变电容量成本和单位输电线路长度成本，分析影响站线成本投入差异的主要因素，结合国家输配电价监管要求，客观反映不同业务类型的成本水平。

（2）设备层成本差异分析。设备层成本展示各设备类型、不同供应商、不同技术参数的成本水平，奠定公司资产全寿命周期成本分析基础，支撑投资策略优选。通过区分不同设备类型，对比分析实际成本与标准成本，按照业务环节、设备类型、电压等级、供应商厂家、所属单位、设备规模、技术参数、运行环境、投运年限、技术革新等维度进行成本汇总并横向比较，分析成本差异及原因。

（3）作业层成本差异分析。作业层成本展示作业频次、作业工时、耗材、机械台班等情况，为未来迭代优化典型作业、精准制定定额水平提供依据。基于“设备 + 作业”维度，区分作业频次、工时、耗材、机械台班，对比分析实际成本与标准成本，结合检修方式、供电可靠性要求和市场波动，辨别主观、客观因素，夯实作业标准成本迭代更新基础。

2. 成本要素优化配置

（1）支撑技改大修策略选择。基于单体设备全寿命周期成本数据积累，绘制同类型同电压等级设备全寿命周期成本平均曲线，以最优经济寿命为参考，以设备基本参数、设备年龄、技改历史、年度运维检修成本为基础，测算存量设备和新增设备技改、大修标准成本规模，为优化次年技改、大修项目安排策略提供支持。

1）在技术上分析设备的使用寿命、隐患率（设备管理系统、供电服务系统、电网管控平台等有系统相关数据支撑）、缺陷率、故障率（生产缺陷系统、供电服务系统等有系统相关数据支撑）、重过载率、运行环境等情况，制定设备的检修与技改策略建议。

2）在经济上，通过各类单体设备 LCC 成本的积累，形成各类设备技改、大修方式下各年度合理成本参考值，支撑预测单体设备进行技改、大修方案的 LCC 成本测算，提供有效的量化参考依据。

3）在项目可研评价环节，以每一台设备全寿命周期成本最经济为目标，对存量资产的技改、大修方案提供合理评价，优化设备维护策略，确保设备运行维护策略最佳、经济最优。

（2）支撑设备状态检修策略选择。基于设备历史作业成本，分析设备检修作业类型、作业频次、作业成本，结合公司在线监测、智能采集、物联感知技术应用，以设备健康管理数字化档案为依托，以设备可靠性为主线，收集设备状态检修相关指标信息，结合设备寿命评估，优化检修周期，为优化设备状态检修策略提供支持。

3. 成本水平评估监测

（1）多电压等级的成本流动展示分析。依托“设备＋作业”工单记录，匹配成本信息，准确归集各电压等级的材料费、修理费和其他运维费用，助力构建符合输配电监管要求的分用电类别、分电压等级多维信息披露体系，推动监管要求与电网实际的良性互动。

（2）“资产—设备—项目—作业”多维成本展示分析。基于“资产—设备—项目—作业”业财数据贯通，关联匹配业务活动与价值信息，梳理合理的成本动因，逐层归集分摊成本，实现基于组织架构树的多维成本展示分析。

（3）设备全成本精益核算展示分析。基于“设备＋作业”生产成本精益核算成果，构建“设备初始投资成本、运维成本、检修成本、故障处置成本、报废成本”一体化模型，结合设备画像，依据电网设备运维检修标准或规程，开展单体设备运维检修成本全量分析，为设备选型及供应商比选、储备项目可研评审等应用场景奠定基础，提升运检专业精益化管理水平。

1）基于同类设备的缺陷率、厂家、检修成本水平，进行供应商综合评价，支撑设备采购优选。

一是对设备全周期质量进行跟踪分析。通过分析各设备类型不同供应商的缺陷率，从技术上挖掘影响质量的缺陷原因，为物资招投标中明确关键技术参数量化要求提供依据。

二是基于设备 LCC 成本，从经济角度出发开展设备供应商分级评价。在获得设备 LCC 成本的基础上，按相同设备类型、电压等级、技术规范，将各供应商 LCC 成本降序排列，形成供应商分级结果，绘制供应商初始购置－检修运维成本评价矩阵，定位优质供应商。在满足安全运行的前提下，为设备采购选型提供参考。

2）建立基于标准成本体系的典型项目库，支撑检修项目可研经济性科学评审。通过建立典型检修项目与标准作业目录的映射关系，构建各专业的典型项目库，基于标准成本形成典型项目成本，支撑运维检修项目评审时成本水平对比和经济性评价。

在项目需求申报阶段，厘清项目立项界限，避免不同设备类型、不同电压等级的打包情况，推进基于检修对象进行需求申报的要求，结合历史检修记录梳理形成资产设备画像，从源头上避免频繁检修、拆分立项等问题。

在项目可研评审阶段，可以基于典型项目成本水平以及同类项目实际成本水平，形成合理偏差区间，对超出偏差范围的项目进行合理性分析，提升项目可研经济性评审的科学性和精准性。其中，典型项目库成本水平通过评审项目的设备类型、检修内容确定相应典型项目获取；同类项目实际成本水平通过基于实际项目的成本分析获取。

4. 成本管控集成评价

（1）优化组织绩效指标评价体系。准确归集各级组织成本水平，支撑组织级绩效评价，优化管控措施。基于“设备＋作业”维度的明细成本，将单体设备通过组织结构逐级进行成本归集，实现省、市、县、专业室（工区、供电所）、班组的材料费、检修费、人工费、其他运营费用的量化，通过标准成本与实际成本差异分析，优化绩效评价指标体系和组织绩效评价依据。

（2）优化班组与员工绩效评价。根据人员作业成本，支撑人员绩效评价，提高员工经营意识。结合“员工＋组织”的有效评价，是实现公司成本效益提升的方向。基于本地标准作业库的作业活动内容，优化员工绩效工分库。根据员工的作业记录，分析员工工作情况，对比相同专业、相近区域的班组员工的工作效益。并以此作为班组组织绩效考核的重要组成部分，推动部门（班组）树立成本效益意识。增强员工经营参与感和获得感，引导员工关注成本运营效益，形成公司成本效益提升的最大合力。

第四节　电网作业标准成本管理应用与实践

一、赋能成本精益管控应用实践案例

1. 案例背景

受到内外部环境变化等多重因素叠加影响，对电网企业资源精益分配、成本

精确反映、投入精细管控、组织精准评价提出更高要求。开展标准成本深化应用工作，加强业财融合，促进业务投入与成本管理深度交互，可以有效推动财务智能化、成本精益化、管理精细化，对电网企业提升专业能力、经营实力和价值服务水平，促进高质量发展具有重要意义。

2. 主要做法

充分发挥电网企业信息化及业务融合优势，先试先行。在实施侧，以变电专业为试点，以信息化手段为抓手，以"设备 + 作业"为信息纽带，面向全量业务，通过主攻作业管理、资源管理、成本核算"三大模块"，统一业务活动与价值活动，全面打通系统间断点，实现作业对象、作业内容、作业频次系统化管理，人、材、机等资源动因自动采集，实时归集。在应用侧，搭建成本量化分析可视化平台，从多层级、多维度，结合资源、资产、组织及员工绩效等开展成本量化分析，精准反映标准成本与实际成本耗用差异、结构差异，以及标准成本与实际成本之间的关联关系，促进"人尽其用"优化组织绩效，"消余补缺"优化成本支出，"智能交互"提升运营效率，"业财融合"创造价值效应。

3. 实施过程

（1）加强作业管理模块，夯实成本信息基础。

1）规范成本信息载体。以成本信息载体—作业工单为核心，制定工单成本信息单元规范，横向穿透票内（工作票、巡视票、操作票）、票外（调试报告、试验报告）5 类业务活动，纵向贯通作业成本、作业资源、作业对象，整合 13 项业务信息、5 项成本动因、4 项关联对象。某电力公司现已接入 36 类业务单据，关联规范站线、项目、班组等信息，并在某省内推广应用。工单成本信息单元规范见图 3-9。

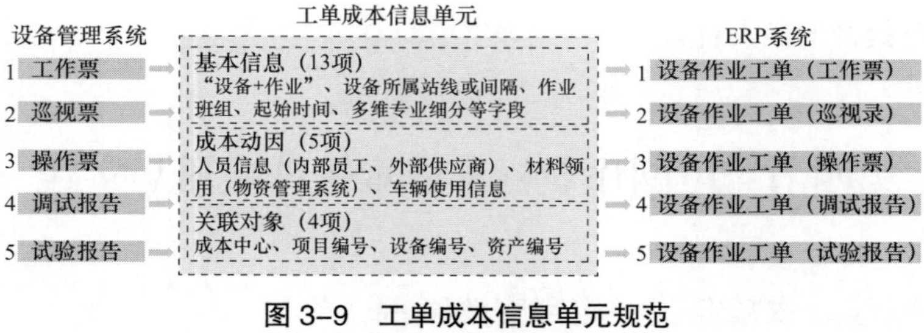

图 3-9 工单成本信息单元规范

2）深度应用智能解析。组织员工梳理和归纳历史运维检修记录，建立可共享的电力相关词语专属数据集，开展语言深度学习，创新开发智能解析算法工具。在不增加员工负担、不改变员工用户操作习惯的前提下，通过解析工作票工作内容，输出结构化设备和作业信息，辅助实现“设备 + 作业”信息的规范获取。以某电力公司为例，现阶段针对近两年变电专业 31 万张历史工作票开展解析，梳理出 9000 条语义识别动作库，分别对应至 2134 条变电专业作业标准成本，已实现 70 万条“设备 + 作业”信息智能识别。

（2）提升资源管理模块，打通成本系统链路。集成人工、材料、车辆等相关生产资源系统，贯通业务管理系统、成本核算系统，实现成本管理各类互联互通，工作票中人员身份自动识别、内外人员数量精准统计，物料领用类型、价格、数量准确记录，派车时间、路途里程等信息关联获取，资源管理效率效益有效提升，助力成本精准、高效归集。

（3）优化成本核算模块，实现成本精准归集。基于作业标准成本体系，梳理“人、材、机、其他”成本要素对应财务科目和作业动因，按照项目化成本和非项目化成本的不同特性，按季在 ERP 系统中将项目成本、成本中心成本按照归集分摊规则整合，以工单为成本归集对象，归集财务成本、作业动因。归集后传至信息系统，在信息系统按照拆解规则将工单成本拆解至“设备 + 作业”的明细成本，实现作业层、设备层成本层层穿透、逐级汇总。

以某电力企业 500kV 变电站隔离开关大修为例，该工程主要包括 21 组隔离开关的操动机构、传动部件解体检修及操作机构更换，6 组隔离开关的导电部件检修，控制电缆终端头制作拆装、铁构件二次喷漆、电缆及电缆保护管敷设、电缆防火封堵等工程量。结算时，依据现场实际作业情况及签证等材料，编制“设备 + 作业”维度项目结算书，检修成本解构为具体的“设备 + 作业”对应人、材、机金额。

在 ERP 系统记账时，自动生成报表，实现标准成本、实际成本在线比较。

4. 延伸应用

在信息系统构建成本量化分析可视化平台，开展成本在各层级结构性、差异性、关联性分析，实现在作业层解析成本差异，在项目层量化成本管理，在设备层归集全寿命成本，在资产层评价投入产出，在组织层评价成本效益，反映不同设备成本特点，不同资产成本水平，夯实作业标准成本迭代更新基础。

（1）强化组织绩效分析。基于“设备 + 作业”维度的明细成本，可以将成本通过组织结构逐级进行成本归集，实现省级电力公司、地市（县级）公司以及专业室（工区、供电所）、班组成本量化。在组织层成本基础上，建立绩效评价指标，根据评价结果提出有效的管控措施。目前，某电网企业结合组织架构梳理情况，打破原有结构，全面实现变电设备检修业务融合，78 项典型变电例行检修效率提升 38%。进一步优化员工绩效工分库，激励员工主动创效。

（2）开展资产绩效分析。根据基于成本信息单元的“设备 + 作业”维度的明细成本，选取设备对应的站线层关键信息，可以直接将单体设备成本归集到相关的站线层成本。接入变电站地形特征、资产成新率、污秽等级等成本敏感性相关要素，结合负载率等生产运营指标，对变电站进行总体画像与单体画像。同时分电压等级对成本增长率、差异率、资产绩效等开展资产多维分析。可应用至不同地貌环境特征下，GIS 站、AIS 站整站建设方案比选分析。

（3）优化提升业务流程。通过分析标准成本与实际成本耗用差异，班组间可对标消缺耗用材料比、例检工时比，查找弱项环节，优化业务流程，辅助制订车间班组标准工时表。以某变电站联变停电例行检修为例，例检工时优化后，工作平均时长由原先 9 天缩减为 6.5 天，一、二次检修专业班组外出工时缩减分别达到 15%、19%，人工、车辆等成本节约近 3%。

5. 应用成效

（1）“业财融合”，价值管理水平全面增强。打通业、财系统间断点，实现作业成本随业务活动准确记录。建立可计量、可追溯、可视化价值流动通道，实现业财信息输入多元、管理统一、输出同源，在奠定业财信息贯通的前提下，也满足了前端业务部门对业务明细化、规范化的管理提升要求。

（2）“智能交互”，运营管理效率显著提升。智能解析及信息化手段，实现人工费、材料费、修理费和其他运维费用等自动采集、准确归集。以某电力公司为例，在不加重员工工作量前提下，利用信息化手段已规范获取人工时和车辆里程数，提升电网生产运营管理效率与效果。

（3）“消余补缺”，成本费用支出合理优化。通过作业标准成本与设备精益运维、多维精益核算深度对接，从作业、项目、设备、资产、专业领域、成本投向、关键经营指标等多个角度开展成本分析，探明“跑冒滴漏”等管理问题，促进资源投入科学配置，优化成本支出结构。

（4）“数智驱动”，财务智慧转型全面升级。依托信息系统，搭建投入产出效率、绩效考核等多场景应用，深化数据信息的价值挖掘应用，实现数据信息赋能助力科学决策与精益管理，数字化变革理念与实践示范成效显著，全面推动财务数智转型升级。

二、提升成本量化差异分析应用实践案例

1. 案例背景

某公司利用信息系统对变电检修专业的实际成本按照“设备 + 作业”维度进行量化归集，并开展了成本量化差异分析，分别研究了基于典设定额法的站线成本差异分析和基于成本向上汇聚法的站线成本差异分析两部分。

2. 具体做法

（1）基于典设定额法的站线成本量化差异分析。在标准成本测算时，采用典型变电站定额测算法。人工方面，根据某地区不同电压等级变电站定员数及人工单价，测算不同电压等级变电站人工标准成本规模；材料方面，按照历史标准成本库的材料价格、耗用数量、作业频次和不同变电站典型设备规模，测算典型变电站材料标准成本规模；机械方面，按照变电站与班组之间的距离，测算车辆台班标准成本规模，最后获得整站标准成本规模。

在实际成本测算时，以工单获取的“设备 + 作业”信息和人、材、机实际成本动因，按照归集为主、分摊为辅的思路，贯通业财信息系统，按照“作业—设备—站线—组织”顺序，层层汇聚，形成整站实际成本规模。

我们选取了某地区作为研究对象，针对该地区 35~1000kV 变电站进行成本量化差异分析。具体分析结果如表 3-3 所示。

表 3–3　　某地区分电压等级成本差异率测算结果

序号	变电站电压等级（kV）	差异率（%）	占比（%）
1	35	7.31	15.79
2	110	8.97	44.05
3	220	8.12	28.82
4	500	10.43	9.55
5	1000	12.52	0.81
合计		9.47	100

据表 3-3 测算结果，变电站不同电压等级检修运维成本的整体差异率在 7%~13% 之间，其中占比最高的是 110kV 变电站。因此，我们选择以 110kV 变电站为例，开展成本归集原因分析。

以 110kV 变电站为例，通过分别对人工费、材料费、机械台班使用费进

行数据穿透分析，可以测算出人工费、材料费、机械台班使用费与作业标准成本的差异率分别为 8%~10% 之间。目前整体规模的差异率主要受到人工、材料和机械的有效归集率干扰，而在成本规模上，并未体现不同电压等级的敏感特征。

（2）基于成本向上汇聚法的站线成本量化差异分析。为了更深层次挖掘设备作业频次、单价和各类成本敏感性因素之间的关联关系。按照实际采集的数据进行同口径比较，即采用工单识别的“设备 + 作业”信息，获取单条作业、单个设备的人、材、机标准成本，沿着“设备—站线”归属关系进行向上汇聚，形成站线层标准成本。此种方式可以直观反映变电站的投运年限、所处地域、环境特征对其成本的影响。

1）分电压等级测算成本。

根据某地区分电压等级测算成本差异率（见表 3-4）结果可以看出：

表 3–4　　某地区分电压等级成本差异率测算结果

序号	变电站电压等级（kV）	人工成本差异率（%）	材料成本差异率（%）	机械台班成本差异率（%）
1	35	23.94	5.30	7.68
2	110	11.97	8.15	4.83
3	220	5.87	6.75	3.75
4	500	6.80	6.12	5.59
5	1000	12.00	3.38	1.04

一是人工费方面，35kV 变电站的实际成本显著高于标准成本，偏差率最大，而 220kV、500kV 变电站实际成本与标准成本之间差异率较小。主要原因在于目前实际管理现状是 35kV 变电站通常采用整站检修，而 220kV 和 500kV 的设备基本上多采用状态检修。此外，1000kV 变电站的检修运维员工均为高级工种人才，人工成本单价较其他电压等级显著提高。

二是材料费方面，35~500kV 变电站的材料费与标准成本之间差异在可控范围内，而 1000kV 变电站实际材料消耗较少，主要原因在于该地区选取的 1000kV 变电站为新投运变电站，日常以例行运维为主，大修抢修情况极少，装置性材料耗用成本偏低。

三是机械台班使用费方面，随着变电站电压等级的提高，实际成本反而降低，与标准成本之间的差异率越低。

2）分设备投运年限测算成本。

选取某地区变电站不同的设备投入年限进行研究。从测算结果（见表 3-5）看，不同的设备投运年限会对成本产生一定的影响，且投运年限长的设备占比较大。因此，在保证设备运行安全的前提下，应更加关注设备的投运年限。

表 3–5　某地区分设备投运年限成本差异率测算结果

序号	投运年限	差异率（%）	占比（%）
1	0~5 年	3.52	10.95
2	6~15 年	4.83	45.39
3	15 年及以上	5.01	43.65

3）分行政区测算成本。

选取某地区处在不同行政区域的变电站进行研究。根据测算结果（见表 3-6），偏远地区（比如：农村、县城区、城镇）的变电站占比较大，成本差异率平均在 6% 以上。考虑到不同电压等级的变电站和地区分布特征有关，为了排除电压等级因素的干扰，我们选取该地区 110kV 变电站进行数据穿透分析。

表 3–6　某地区分行政区成本差异率测算结果

序号	地区	差异率（%）	占比（%）
1	市中心区	3.56	3.36
2	市区	3.37	12.61
3	城镇	4.40	32.22
4	县城区	6.69	11.40
5	农村	7.12	40.41

根据 110kV 变电站成本差异率的测算结果（见表 3-7）可知，城镇化水平确实对变电站的成本投入具有一定的影响。

表 3–7　某地区 110kV 变电站成本差异率测算结果

序号	地区	差异率（%）	占比（%）
1	市中心区	3.92	4.37
2	市区	4.65	14.09
3	城镇	5.56	37.24
4	县城区	9.36	15.39
5	农村	10.39	28.91

4）分污秽等级测算成本。

选取某地区处在不同污秽等级的变电站进行研究。从测算结果（见表 3-8）看，不同的污秽等级也会对变电站的成本投入产生不同的影响。但是由于成本差异率可能受到其他因素的影响（如投运年限、电压等级等），因此，我们按照不同电压等级、不同投运年限进行数据穿透分析，验证结果是一致，在此不再展开描述。

表 3–8　某地区分污秽等级成本差异率测算结果

序号	污秽等级	差异率（%）	占比（%）
1	非常重	9.48	8.14
2	重	8.91	43.39
3	中	6.76	48.12
4	轻	5.62	0.11
5	非常轻	2.55	0.23

3. 结论建议

通过采集成本信息归集至信息系统，在作业层展开成本差异分析，解析实际成本与标准成本差异形成原因，可以反映出业务、管理、技术等不同层面的异常情况和发展变化，便于锁定问题、从业务源头追溯原因。

因此，从实际成本与标准成本的差异分析可以看出，设备的投运年限、变电站所处的城镇化水平、变电站周边的污染情况等因素均对成本投入水平产生较大的影响，属于影响成本的敏感性因数。在应用标准成本时，应适当考虑引入成本调节系数，进一步深化标准成本应用，实现成本资源的差异化、精细化分配。

第四章　电网成本有效性分析体系构建理念、方法及应用

第一节　成本有效性分析概述

一、电网成本有效性分析实施背景及意义

1. 电网成本有效性分析的实施背景

近年来，我国坚持全面深化改革，加快构建高水平社会主义市场经济体制。其中，在激发各类市场主体活力上，着力推进国资国企改革，做强做优国有资本和国有企业，加速国有经济布局优化和结构调整。在建立现代财税金融体制上，大力提倡深化预算管理制度改革，强化对预算编制的宏观指导，推进财政支出标准化，强化预算约束和绩效管理。电网企业作为资产密集型的典型代表，发展任务重，投资规模大，项目投入多，对于成本管理提出了更高的要求。

当前电网经营环境发生多重变化，电网企业加强成本有效性分析，既是提升企业经营效益的现实需要，也是适应电力体制改革，实现精益化管理的前提条件；同时，电网安全稳定运行与电网企业经营健康可持续发展，是维护区域电力系统安全可靠与转型升级的重要保障。以成本有效性分析作为切入点，深化战略体系落地与高质量发展，强化成本有效性审核深度、广度、细度和力度，增强成本支出的透明度、合理性、精准性，优化资源配置及产出水平，助力成本精益管控实施，支撑电网企业高质量发展与业务转型升级。通过分析成本有效性，促进企业发挥自身主观能动性，激发内生动力，增强企业活力，化危为机、转压力为动力，从容应对发展的机遇与挑战。

2. 电网成本有效性分析的意义

电网成本支出是电网建设及电网企业经营发展投入的重要组成部分，深化电网成本有效性分析具有重要意义。重视成本问效，追本溯源探究成本有效性分析体系，对成本进行事前预算、事中控制和事后分析，以实现对成本有效控制。

（1）提升事前预算合理性。成本的事前分析是指在成本并未形成之前所进行的成本预测。事前分析工作位于成本管理的最前端，对项目决策及实施具有重要

指导意义。在事前进行成本有效性分析，一方面有利于财务部门全面掌控发展需求、预算部门组织管理、项目实施计划等情况，进而合理安排预算资金，提高预算资金分配决策的科学性。另一方面通过剖析项目依据的宏观政策、行业环境，明确绩效目标并预期项目效果，有利于预算部门宏观把控项目总额，有效避免因目标不明确造成的资金浪费，从而更加合理配置资源，辅助电网企业战略决策开展并取得竞争优势。

（2）加强事中过程管控。成本的事中分析是指对正在执行的成本指标进展与变化所进行的分析。事中分析主要是为了进行成本控制，防止实际成本超过目标成本的控制范围。加强过程成本监督，落实、调整、纠偏目标成本，对成本进行控制，提升服务质量、降低管理成本，从而提高电网企业的经济效益。

（3）完善事后评估审核。成本的事后分析是指对成本实际执行的结果所作的分析。事后分析主要通过比照执行结果与目标的偏差，分析产生问题的原因并总结成本降低的方法，以利于将来的成本控制活动的深入推进。成本有效性分析作为事后控制的主要手段，通过核算各类定量指标的完成程度，从而获得第一手成本评估数据，为今后的成本绩效管理提供数据支撑。事后评估还可以辅助电网企业认清自身成本管理短板和瓶颈，梳理内在发展需求，优化投资策略方向，建立闭环管理机制。

二、成本有效性分析的内涵及特点

成本有效性分析，又称为费用有效性分析，是指通过成本和其达到的效果进行的多个方案比较的一种经济评价办法。开展成本有效性分析工作，有助于实施成本精益化、精细化管理，强化精益管控发展理念，积极推进成本问效，优化支出成本结构，提高成本投放精度，助力企业经营管理水平稳步提升。成本有效性分析具有以下特点。

1. 对象复杂性

电网企业作为资产密集型企业，其资产具有价值较高，寿命周期长，规模较大，种类繁多，地域分布广的特点，成本结构体系庞大，因此，开展成本有效性分析具有复杂性。

2. 数据价值可挖掘性

数据挖掘是一个搜索过程，依靠特定的技术和方法在大规模的数据中挖掘有价值的信息，在海量数据的基础上进行数据搜索和建立模型分析。电网企业通过庞大的成本数据挖掘，归集成本类型，控制成本动因，减少成本资源的不必要支出。通过科学有效的数据挖掘，降低企业成本的消耗量，实现对成本支出的精细化管理。

3. 目标多样性

成本有效性分析利用预算申报表、可研报告、合同发票及其他有关资料，剖析成本水平与构成，测算变动情况，系统研究影响成本升降的各因素及其变动的原因。通过成本有效性分析，既有利于正确认识、掌握和运用成本变动的规律，实现降本增效的目标；又有助于正确评价成本水平，构建清晰化有效性分析体系。

三、成本有效性分析相关理论方法

1. 成本绩效指数

在项目管理中，成本绩效指数 (Cost Performance Index，CPI) 是一个衡量成本绩效的指标，它用于衡量正在进行的项目的成本效率。成本绩效指数反映的是相对偏差，它不受项目层次的限制，也不受项目实施时间的限制，因而在同一项目和不同项目比较中均可采用。

确定 CPI 的公式为

$$\text{成本绩效指数} = \text{累计盈余量} / \text{累计实际成本} \quad (4\text{-}1)$$

当 CPI 在 1.0 以下或者逐渐变小时，就应该采取纠正措施。

$$\text{成本绩效指数（CPI）} = EV/AC \quad (4\text{-}2)$$

式中：EV 为在规定时间内实际完成工作的预算成本；AC 为在规定时间内完成工作所花费的实际成本（直接和间接成本的总额）。

CPI 值如果小于 1 则表示实际成本超出预算；CPI 值如果大于 1 则表示实际成本低于预算。成本绩效指数显示了项目采购支出的金额是否得到合理的价值。在成本管理系统中进行绩效测量分析后，系统输出成本变更请求、估算与完成周期、偏差报告和项目预算更新报告。累积 CPI 会在项目的早期就进入稳定状态，因此可以用来作为项目成本绩效的监控指标。CPI 更大的意义在于可以对任何类型项目完工时的总成本进行有效预测。

2. 对比分析法

对比分析法是通过将实际成本指标与不同时期的指标进行对比，来揭示差异并分析差异产生原因的一种方法。在对比分析中，可采取实际指标与计划指标对比，本期实际与上期（或上年同期或历史最好水平）实际指标对比，本期实际指标与国内外同类型企业的先进指标对比等形式。通过对比分析，可以了解企业成本的升降情况及其发展趋势，查明原因，找出差距，提出进一步改进的措施。在采用对比分析时，应注意本期实际指标与对比指标的可比性，使比较的结果更符合实际，揭示的问题更具有代表性。若不可比或比较不当，则可能导致分析的结果不准确，甚至可能得出与实际情况完全不同的相反的结论。在采用对比分析法时，可采取绝对数对比，增减差额对比或相对数对比等多种形式。

3. 因素连锁替代法

因素连锁替代法也称因素连环替代法，它是确定引起某经济指标变动的因素影响程度的一种方法。在许多相互联系的因素共同影响着一个指标的情况下，可应用这一方法来计算各个因素对经济指标变动的影响。

（1）按照经济指标和影响其变动的各因素之间的相互关系列成分析计算式。

（2）以基数为计算的基础，即在经济指标的分析计算式中所有因素都按基数计算。

（3）按分析计算式中所列因素的同一顺序，用各个因素的实际数依次替换其基数，每次替换后实际数就被保留下来。有几个因素就替换几次，直到所有因素都变成实际数为止。每次替换后，都按分析计算式规定的数字计算求出新的结果。

（4）将每次替换所得的结果，与前一次计算的结果相比较，两者的差额就是某一因素对经济指标的影响程度。

（5）计算各个因素的影响数额的代数和。这个代数和应等于经济指标的实际数与基数之间的总差异数。

4. 相关分析法

相关分析法是指在分析某个指标时，将与该指标相关但又不同的指标加以对比，分析其相互关系的一种计算方法。企业的经济指标之间存在着相互联系的依存关系，在这些指标体系中，一个指标若发生了变化，受其影响的相关指标也会发生变化。如将产品销售成本与利润指标相比较，计算出成本利润率指标，就可以分析企业成本收益水平。再如，产品产量的变化，会引起成本随之发生相应的变化，利用相关分析法找出相关指标之间规律性联系，从而为企业成本管理服务。

5. 投入产出法成本核算

企业成本核算是对各种费用项目进行归集和分配的过程。费用项目的归集和分配分为两种情况：若能明确成本核算对象，则费用项目直接归集于该成本核算对象的某一账户，称为直接分配；若不能明确成本核算对象，则费用项目按所发生的性质归集于某一账户，然后，按一定的标准向其他账户进行再分配，称为间接分配。直接分配的费用项目能够确定成本核算对象和实际的发生额，称为最终投入；间接分配的费用仅能明晰各种分配标准及其数量，需要进行再分配，称为中间投入。成本核算根据最终投入和中间投入推导总成本。

假设中间投入、最终投入及总成本均为价值型时，则产品的总成本都应该等于该账户产品的中间投入量和最终投入量的合计，平衡关系如下：

$$中间投入 + 最终投入 = 总成本 \tag{4-3}$$

第二节　电网成本有效性分析体系架构设计

一、电网成本有效性分析体系设计思路

依托电网精益化、精细化管理理念，针对成本问效开展系统化分析与研究工作，形成以发展需求为引导，以同类工作为借鉴、以关键问题为导向、以定性与定量相结合为原则的设计思路，积极推进成本源头梳理，成本支出结构解析，成本投放属性细化，成本有效性层次化重塑。

1. 以同类工作为借鉴

在借鉴电网企业项目可研经济性、合规性、技术可行性等审核评价思路理念的基础上，针对成本性费用，研究细化各项费用成本有效性评价工作的具体范围、实施原则、审核要点以及具体标准，结合电网企业关于成本细化分类、成本系统问效的总体指导意见，深化拓展有效性分析架构，细化构建有效性分析内容体系，强化明确有效性分析要点，推进成本有效性与高质量发展、战略深化等核心指标关联挂接，推动电网成本支出合理、链路清晰，以及成效可视化精益管控升级。

2. 以关键问题为导向

成本有效性分析的综合性意味着不仅仅是对于成本有关数据、指标的表面分析，还是对电网企业经营各个环节的深入剖析。坚持以关键问题为导向可以使成本有效性分析的主线更清晰，痛点挖掘更具针对性，以达到分析目的。随着国内市场经济体制进一步完善，电网企业成本管理也趋于制度化、规范化。在市场经

济大背景下，电网企业生产经营活动面临多重考验，管理者对成本实施成效的关注度日益加强，提高成本有效性分析的质量和管理水平，及时发现企业管理过程中存在的各种影响因素和问题显得尤为重要。

3. 以定性与定量相结合为原则

定性分析是成本有效性分析的根本，定量分析是成本有效性分析的重要手段。定性分析是指凭分析者的直觉判断、经验总结、逻辑推理等，根据分析对象从过去到现在的延续状况及最新的信息资料，对分析对象的性质、特点、发展变化规律作出判断的一种方法。定量分析的共性特征便于统一处理，有利于协作与共享。定性是定量的依据，定量是定性的具体化，二者结合起来灵活运用才能取得最佳效果。坚持定性与定量相结合，制定准确的量化指标，建立科学适用的绩效指标评价体系，通过纵横对比，用数据得出结论，根据工作实际修正结论，为建设节约型电网企业、提高电网企业整体竞争实力和经济效益提供强有力的支撑。

二、电网成本有效性分析体系关键环节

基于以上设计思路，提出以成本结构梳理、成本对象解析分类及定义、成本属性分析与标签设计、成本有效性分析要点体系构建、成本有效性审核指导手册编制以及以成本有效性分析体系应用与实践为要点的纵向层层递进的分析架构体系，具体如图 4-1 所示。

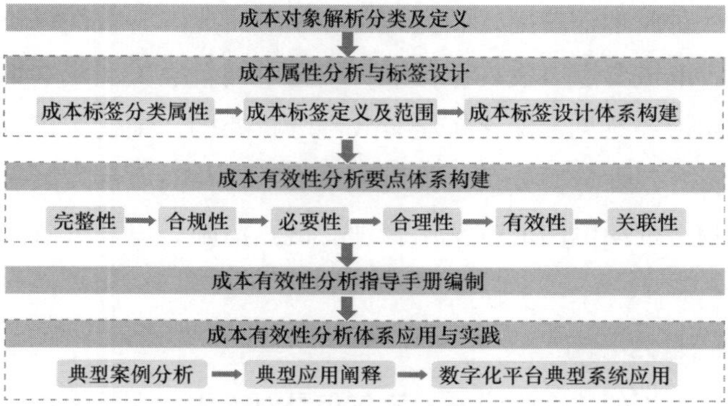

图 4-1　成本有效性分析体系架构设计框架图

1. 梳理成本结构

梳理成本结构，是开展成本有效性分析的基础工作。电网成本作为支撑电网生产及电网企业经营发展投入的重要组成部分，具有庞杂的分类网络，根据列支

渠道、使用主体和服务对象的不同，成本类型和层级划分存在区别。系统开展成本有效性分析，必须从源头梳理成本管理脉络，全面厘清成本结构，解析成本的分类及定义，明确成本需求发起及成本审核把关的责任主体。

按照不同管控结构开展成本层次化分析，总结不同结构组成中成本标准依据及有效性，审核参考标准的成熟度、完善性及差异性，构建系统清晰的成本网络拓扑结构，助力成本目标定位、属性挖掘及有效性分级分类。

2. 创新成本多属性组合标签设计

创新成本多属性组合标签设计是突出成本分析体系健全性的重要抓手。当前电网企业提出成本问效精益管控发展指引，通过梳理解剖近年实际项目内容及成本投向，归集同类同质项目，总结分析成本特性，进一步开展成本多属性标签化创新组合设计，为成本刻画出清晰的轮廓画像，反映出成本的层次差异性，提升标签体系的推广适用性。

3. 明确成本有效性要点体系

明确成本有效性要点体系是建立成本问效机制的关键环节。通过梳理成本费用相关制度依据文件，明确成本定义及列支范围，总结提炼可执行、可参考的费用标准。成本有效性审核的基本要点，包括但不限于资料完整性审核、成本合规性审核、成本必要性审核、成本合理性审核、成本有效性审核、指标关联性考量六个方面。

4. 深化成本有效性审核指导手册编制

深化成本有效性审核指导手册编制是有效性分析体系的专业呈现。为确保成本计列符合国家相关法规规范和电网企业财务制度要求，立项依据充分、费用水平合理、实施成效可追溯、关联指标可量化，指导手册结合财务评判要求和业务部门专业需求，将国家、行业及电网企业成本管理相关要求转化为评审业务术语，业务部门开展预算提报和财务部门进行成效审核共同遵循的一套标准和深度规定。

5. 开展典型项目专题分析工作

开展典型项目专题分析工作是有效性分析深度规定的应用落地。形成专题分析报告，通过分析典型成本投入的必要性与实施内容、投放规模与结构、列支动向和相关考核指标的促进作用，基于分析对象的成本管理理念有待转型升级、费用标准有待深化细化、管控机制有待健全完善、列支效率效益量化评价有待优化等角度，深入挖掘成本管控全流程的瓶颈问题，总结凝练制约成本有效性提升的薄弱环节，提出精益成本管理的策略建议。专题分析有助于科学构建成本有效性分析体系，立足实际问题解决痛难点问题，提升企业经营管理水平。

第三节　电网成本有效性分析关键模块与技术方法

一、电网成本对象解析分类

参考电网企业现行的成本规定，成本是指为满足电网企业发展和生产运营所发生的各项资源耗费，涵盖资本性支出和费用化支出。成本有效性研究主要针对费用化支出，结合企业成本管理现状，成本管理的分类多年来形成了按项目类型管理、按成本控制管理、按管理层级、按生产运营成本管理等不同维度。

（1）按项目类型管理，可将成本分为生产大修、数字化等类型费用。

（2）按成本控制管理，可将成本分为可单独控制费用和不可单独控制费用。其中，可单独控制费用包括会议费等。

（3）按管理层级，可将成本分为上级统筹管理费用和各层级自主管理费用。上级统筹管理费用进一步分为统管费用、专项费用，其中：统管费用包括生产运维、营销投入等，专项费用包括中介咨询服务、研究课题等；各层级自主管理费用包括材料费、部门费用等。

（4）按生产运营成本管理，可将成本划分为检修运维成本、其他运营费用，实现与标准成本衔接。其中：其他运营费用包括人员动因类费用、资产动因类费用、营业规模动因类费用等。

二、电网成本属性分析与标签设计

1. 成本标签设计思路

基于保障性、完善性、提升性分级分类理念，选取当前成本有效性分析较为薄弱的电网企业专项成本，以近两年某企业实际发生的 927 个成本项目为解析对象，将项目按照专业类别划分类别功能，细化分析各类别功能专业投向，总结功能定位揭示有效性挂接领域，进一步统计各类别发生频率及投放属性，构建考虑多重属性的成本标签设计体系，能够为支撑成本项目划分立项维度清晰化、立项深度拓展明确化和项目提报要点标签化提供参考，助力成本精益精细管理。

2. 成本属性标签体系构建

当前专项成本根据企业内部固有的传统分类，共分为中介咨询服务、研究课题、后勤管理、企业文化宣传及品牌推广、租赁费用、党建工作、其他费用等若干大类，即作为第一层级的类别。然而，每大类中的具体项目存在着较大的差异性，缺乏多维度的属性归纳，传统分法已不能满足成本精细管理的要求。为深化开展成本有效性分析，加强成本结构细化穿透解析，助力当前成本精益管控发展提升，探索开展专项成本系统化标签设计，结合成本已有大类功能领域细化、梳理专业需求投向，匹配状态属性分类引导，提出以“类别功能 + 专业投向 + 状态属性”的组合式标签模式，支撑专项成本深化穿透能力的提升与有效性标准科学的设计。成本标签设计体系构建示意图如图 4-2 所示。

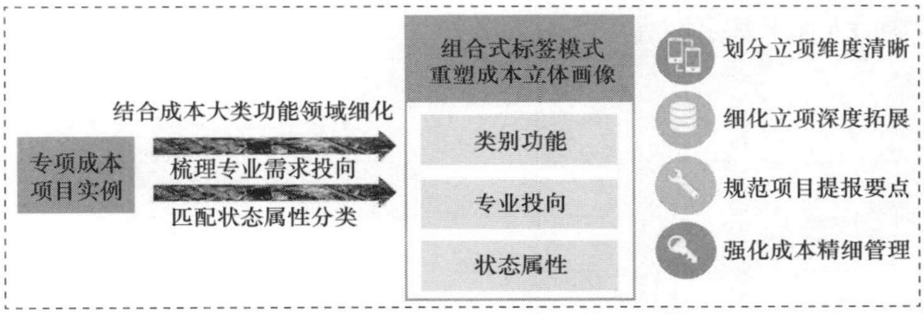

图 4–2　成本标签设计体系构建示意图

（1）类别功能细分方面，结合成本大类功能领域细化。主要基于类别边界范畴，进一步细分定位各类别主要功能领域，明确类别内成本功能细化标签。

（2）专业投向细分方面，梳理专业需求投向。主要基于专项成本需求主导专业梳理，进一步细化各专业投向范畴，明确专业内成本投向细化标签。

（3）状态属性匹配方面，匹配状态属性分类。主要基于当前专项成本发生的频率，总结“经常性 + 非经常性”的发生状态，进一步结合电网企业关于强化“保障类、完善类、提升类”成本属性分类与精益管控要求，明确各状态集合内成本属性匹配细化。三种维度标签之间可任意组合，便于管理者变换视角对成本溯源及穿透。

1）保障类主要指支撑电网生产运营基本需求与专业管理运转模式，确保电网安全稳定运行与电网企业经营管理基本服务所发生的成本支出。

2）完善类主要指满足网架设施与生产运营内外部发展需求，巩固加强电网企业经营专业管理完备性所发生的成本支出。

3）提升类主要指服务电网企业发展战略指引与业务拓展升级，助力“效率、效益、效能”提升及专业管理模式技术创新等方面发生的成本支出。

3. 成本属性标签体系应用

（1）按“类别 + 功能”维度。通过对类别下常见的成本功能总结归纳，将企业文化宣传及品牌推广、研究课题、中介咨询服务、租赁费用大类细分功能用途。以企业文化宣传及品牌推广为例，按其功能可进一步细分为安全生产宣传、科创成果展示、客户服务宣传、普法宣传、企业文化宣传。专项成本按“类别 + 功能”组合模式展示，结果如表 4-1 所示。

表 4–1　　　　专项成本按“类别 + 功能”分布表

类别	功能
企业文化宣传及品牌推广	安全生产宣传
	科创成果展示
	客户服务宣传
	普法宣传
	企业文化宣传
研究课题	业务创新研究
	业务基础研究
中介咨询服务	业务中介服务
	业务咨询服务
租赁费用	仓库租赁
	车辆租赁
	房屋租赁
	土地租赁

（2）按“功能 + 属性”维度。针对专项成本中研究课题类项目，对其标签以“功能 + 属性”组合模式展示，结果如表 4-2 所示。

表 4–2　　　　研究课题费用按“功能 + 属性”分布表

功能	属性
业务创新研究	提升类
	完善类
业务基础研究	提升类
	完善类
	保障类

（3）按“功能 + 专业 + 投向”维度。针对专项成本中中介咨询服务类项目，

以其中的业务咨询服务费用为例，对其标签以“功能 + 专业 + 投向”组合模式进行展示，结果如表 4-3 所示。

表 4–3　　业务咨询服务费用按“功能 + 专业 + 投向”分布表

功能	专业	投向
业务咨询服务	办公运营	运营项目咨询
	财务审计	电力交易咨询
		财务业务咨询
		审计业务咨询
	发展规划	电网创新研究
		电网项目评审
		规划项目咨询
		可研项目咨询
	基建管理	电网技术管理
	科技信息化	科技信息管理
		科技项目推广
		环境保护咨询
	设备运检	设备状态管理
		电网安全管理
		智能运检管理
		电网技术管理
		运检项目评价
		生产运维服务
	宣传推广	企业品牌管理
	通信调控	通信技术服务
	物资管理	物资招标采购
		物资信息管理
		物资技术管理
	营销服务	用电安全管理
		营销业务咨询
		优化营商环境
		综合能源服务

三、电网成本有效性分析要点

成本有效性分析要点在传统的资料完整性、成本合规性等基本内容基础上深化细化和拓展延伸，要点涵盖成本定义及范围、制度依据、审核要点和费用标准4个方面，其中审核要点考虑有效性分析的内涵与关键要素，进一步细分为资料完整性、成本合规性、成本必要性、成本合理性、成本有效性、指标关联性6个维度，实现成本有效性分析内涵定义明确、费用多维属性清晰、审核要点系统深化、追本溯源有理有据，提升成本精益化和管理系统化、层次化、标准化、科学化水平发展。

（1）资料完整性审核。资料完整性是成本投放的论证材料，是财务人员审核的主要依据。主要审核提交的成本资料和数据是否充分、完整，是否清晰阐述和反映了审核要点所规定和涉及的关键内容，如项目可行性研究报告、项目建议书或预算需求表中应有明确的实施对象和量化数据，各类成本应有明确的提升指标和预期目标等。

（2）成本合规性审核。成本合规性审核是对项目的规范性进行把关，具有“一票否决制”。主要审核提交的成本是否符合国家法律、法规、政策以及电网企业内部管理制度等各项强制性财务管理规定要求，如成本分类是否准确，是否掺杂资本性投入、是否超范围列支等。

（3）成本必要性审核。成本必要性审核是判断项目是否能够纳入预算的重要前置性评价环节。主要审核提交的成本列支原因、必要性，是否有充足合理的列支理由，必要性论证是否详实，新增成本和特殊成本投入是否有明确的文件依据或指导意见。

（4）成本合理性审核。成本合理性审核是分析项目费用水平的关键。主要审核提交的成本列支的经济性、合理性，如预算规模是否合理、单价水平是否合理、取费是否规范，费用与历史成本、类似项目成本或市场价格数据等维度对比，波动是否合理。

（5）成本有效性审核。成本有效性审核是针对成本投放成效的定性定量评价。主要审核提交的成本列支可带来的效率、效益、效果。各级财务部门在审核过程中，重点关注成本投放成效、带来的收益、产生的作用与意义，支撑成本间效实施与转型升级。

（6）指标关联性审核。指标关联性审核是提炼有效性的辅助手段。主要审核提交的成本所关联的公司绩效、专业对标等考核指标，按成本性质与关联程度分为强相关、弱相关。审核过程中可对照指标历史成绩、现有数据和预期目标，考量成本投放成效，并在年底评估指标完成情况，有利于强化预算执行成效闭环管理，为下一年度预算评估审核和批复下达提供参考。

四、《电网成本有效性审核指导手册》编制

《电网成本有效性审核指导手册》（简称《指导手册》）结合成本结构体系追本溯源、典型项目解剖分析、成本属性组合标签设计应用，科学开展成本有效性分析体系拓展与标准化、常态化审核机制构建。一方面总结提出包括成本定义及范围、相关制度文件、审核要点、费用标准四个部分作为成本有效性分析的基础内容，进一步明确审核要点包括资料完整性、财务合规性、成本必要性、成本合理性、成本有效性、指标关联性六个方面，细化审核要点内容。另一方面结合成本架构体系梳理，组织编写形成成本有效性审核《指导手册》，系统层次化审核内容体系与要点，助力成本有效性常态化实施与推广。

以编制审核指导手册为依托，将成本有效性分析要点与业务管理有机融合，坚持从业务角度出发，将财务信息转化为业务语言表达，使财务制度和管理要求融入其中，促进价值链与业务链有机融合。通过指导手册落地应用，强化成本审核深化细化要求，科学完善费用标准依据，指导地市级电网公司预算申报合规，支撑成本投入产出分析量化科学。

1. 编制目的

电网安全稳定运行与电网企业经营健康可持续发展是维护区域电力系统安全可靠与转型升级的重要保障，电网成本支出是电网企业经营发展投入的重要组成部分，深化电网成本有效性分析具有重要意义。

基于传统项目可研经济性与财务合规性评审体系分析，立足成本有效性管控目标定位，深挖成本内涵与多重属性，以电网企业精益化、精细化理念为导向，将财务制度和管理要求明确为可执行、可量化的审核标准，针对成本性费用，研究细化了各项费用成本有效性评审工作的具体范围、实施原则、审核要点以及具体标准，汇总形成《指导手册》。

2. 涵盖范围

《指导手册》规范纳入成本有效性审核范畴的成本性费用共计 43 类。包括电网检修运维类 12 类，研发费用 2 类，其他运营费 29 类。

3. 编制原则

（1）科学性原则。成本有效性分析是成本精益管理的重要组成部分，深挖电网成本内涵，明确成本支出目标定位，遵循成本预算、执行与总结评价的客观特性，兼顾成本结构性差异，以科学的视角开展成本有效性分析体系设计及内容要点细化。

（2）系统性原则。成本有效性分析涉及成本管理链条多个环节，面向精益管理与转型升级新要求，总结凝练传统分析要点及优化提升方向，系统挖掘有效性分析核心要素，强化内容体系拓展与内在逻辑关系说明。

（3）层次性原则。成本发生覆盖专业领域广，涉及电网生产及经营发展环节多，根据成本类型和属性标签设计，层次化梳理成本架构体系及归类原则，提炼共性特点，体现内在差异，分层次开展成本有效性对象类别划分，合理设置不同类别费用审核要点深度细度。

（4）实用性原则。以服务业务、支撑精益管理为导向，将专业管理信息、财务信息转化为规范化业务语言，强化财务制度和管理要求融合，打通业务通道与数据通道，提出简明适用的指导标准，促进价值链与业务链有机融合，助力成本有效性审核推广落地。

（5）动态性原则。依托《指导手册》编制及推广应用，深化成本有效性审核体系适用性检验评估，结合典型类别总结提炼，反馈审核体系应用效果，动态健全与完善评审内容体系及评审要点，确保体系完善与动态适用。

4. 总体要求

指导手册将国家、行业及电网企业成本管理相关要求转化为评审业务术语，作为业务部门和财务部门开展预算提报与成效审核，共同遵循的一套标准。业务部门是资料完整性、成本合规性、必要性、合理性、有效性的责任主体，应确保成本列支符合电网企业投入产出相关要求，兼顾效率效益，关联指标评价客观合理、可量化、可统计；确保成本计列符合国家相关法规规范和电网企业财务制度要求，依据充分、费用水平合理、没有虚列成本等现象。财务部门在参与成本性费用申报、评审、批复的过程中，应用《指导手册》开展分析及审查工作。

五、成本有效性分析细则深度体系设计

1. 基本情况

（1）背景介绍。主要描述项目实施的宏观微观及内外部环境，国家、行业或

企业的政策导向和工作要求，业务实施背景或近年发展路径，实施内容得到行业主管部门的许可、批准、评价及激励情况，当地政府、上级单位对项目的认可和支持情况，上下游产业链的介绍及市场前景等，此外还需具体介绍项目立项的原因和出发点。

（2）实施必要性。主要描述项目所属行业当前整体状况分析，与传统服务模式对比，工艺水平的科学性、先进性，对传统方法的替代性；对技术发展趋势进行预测，对项目所生产产品或服务的生命周期进行分析；项目产品或服务市场情况分析和项目产品或服务的竞争力分析；分析技术革新、业务管理、企业经营水平提升等方面的贡献及重要意义。

（3）主要功能。明确产品或服务的定义、成本内涵及边界，阐述出资方成本列支类型及渠道，如购买、借用、融资租赁或经营租赁等。介绍产品定位、服务对象及应用目标。分类描述具体规格型号、功能用途、专业范畴。判断项目是否具有专业性，主要是看目标设定是否站在服务对象的角度，该目标是否给服务对象带来了正向而积极的改变和影响。

2. 应用情况

简要说明近年项目应用的范围、规模、区域、新增产量、新增产值及单位成本，是否有投放标准和价格依据；项目实施方案和具体措施，投放应用后业务覆盖率，产品或服务被使用的频率，解决了什么技术或管理问题；统计安装实施及运营维护责任主体和相应成本；对比实际与计划完成数量、结算与预算相比执行率和结余情况。

3. 成效分析

成效分析是立足服务对象视角，根据项目的有效性、影响力以及可持续性等维度，探究项目的实施是否达到了预期的目标；结合与立项材料和关联指标的比对，判断目标达成的程度；分析项目投入的资源与产生的成效；通过客户、社会公众对项目的知晓度与美誉度等视角，阐述所承担的社会责任以及项目给企业带来的社会形象提升。

成效分析主要分为产出成效和成效不足两方面。产出成效方面，包括但不限于从指标提升、经济效益、管理效益和社会效益等方面，分析技术经济指标提高情况、增收节支、节能降耗，提高资源利用率、劳动生产率或替代节约人工成本等情况，推动技术进步、人才培育等优势；成效不足方面，主要分析预期目标未达成情况、成本投入与产出匹配度不高、资源配置合理性不够、客户黏性与体验欠佳、预算执行偏差、缺乏明确统一的成本列支标准等问题。

4. 管理建议

项目进行到一定阶段或完结时，需要对期中、期末实施情况认真分析，找出现存在的问题，归纳总结经验教训，提高认识，明确方向，以便进一步为后续工作提供建设性的参考意见。

管理建议主要包括以下三点：①在产品或服务购置、安装、运行、维护、处置、优化资源配置及使用效率等方面存在的问题、不足和建议；②在预算申报、执行等方面存在的问题、不足和建议；③在企业降本增效、管理提升等方面建议。

第四节　电网成本有效性分析体系应用与实践

为抓深抓细电网企业专项成本投放，强化成本精益化管理，通过编制成本有效性审核指导手册、建立多维度审核机制、优化评审系统功能，将创新研究成果应用于成本项目精细审查，推进数据平台应用和典型成本项目分析，助力成本精益管控标准依据体系构建与完善，支撑成本有效实施与转型升级。

一、成本项目精细审查应用案例

1. 基本情况

以某企业应用为例，基于成本有效性分析体系，开展某年的预算项目审查分析。该企业此次预算审查，送审成本项目 184 项，范围覆盖各个业务部门。

2. 主要做法

（1）建立标签管理，明确成本投向。对所有提报项目增设类别功能、业务类型、成本性质组合标签，明确成本投向与实施用途。设置关联指标，强化实施目标导向，为预算执行考核奠定基础。关注成效分析，侧重效率、效益、效能阐述与举证。

（2）细化费用构成，放大成本颗粒。剖析费用构成设置通用明细表单。细分人工费、设备使用费、业务费、场地使用费、专家咨询费等费用明细，明确各类费用单价及动因（数量），收集价格依据及标准，放大成本颗粒度，有效避免以往一次性笼统填报、盲目预估等问题，为项目成本对比提供便利，同时反向推动业务部门树立成本节约意识。

（3）横纵对比，透视成本费用水平。基于项目内容属性与费用明细，横向上与跨部门同批次类似项目对比，洞察成本列支区别与联系；纵向上与本部门年初或历年类似项目对比，挖掘成本波动因素，进一步评判成本合理性。

3. 成效分析

细分核减原因，从必要性（合规性）不足、动因（数量）不合理、标准（单价）不合理、有效性不足 4 个角度把关，确保审核科学严谨、有理有据；分类解析核减数据，发现动因、标准不合理问题突出，分别涉及项目 18 个和 9 个，核减金额 256 万元与 77 万元；必要性不足涉及项目 8 个，核减金额 635 万元；有效性不足涉及项目 1 个，要求补充预期指标说明与佐证材料，为今后规范申报和成本管理提供借鉴。

（1）必要性（合规性）不足方面。业务部门 A 某项目实际用于设备购买属于资本性，不应在成本类专项列支，回退并核减 134 万元。

（2）动因（数量）不合理方面。以业务部门 B 某运营技术服务费为例，项目实施时间仅 8 个月，但填报的投入人天与工作量不匹配，核减 16 万元。

（3）标准（单价）不合理方面。以业务部门 C 某测评为例，因其未填报费用构成明细，仅一笔性预估一项测评费总额，缺乏价格依据，经比照实施内容，核减 32 万元。

（4）有效性不足方面。业务部门 D 某广告宣传项目关联指标未勾选、缺乏明确的预期目标，大额投入成效难以量化与考核，退回补充有效性说明及指标提升目标。

（5）横纵对比方面。以工程环境影响评价为例、水土保持审核工作为例，有以下情况：

1）横向看，业务部门 E 与业务部门 F 均申报相关专项。①实施内容：部门 E 侧重前期内审和可研审核；部门 F 侧重竣工验收和现场检查。②人工单价：均使用相同的咨询师价格。③费用水平：部门 F 的人工投入偏大，导致单个工程的环评、水保审查成本上，部门 F 为部门 E 的 1.9 倍，费用水平存在较大差异。

2）纵向看，本次申报的项目预算金额较上年度翻一番，比对 2020 年相同项目投入标准，参照上年度开展环评、水保内审和可研报告，环评、水保独立篇章审查的单个工程成本，核减 78 万元。

4. 管理建议

建议业务部门深化部门内审机制，不断提高项目预算编制质量。把有限财力集中在推动高质量发展和安全保障上，提升预算支出的必要性。科学统筹投入规模，合理优化资源配置，提高预算编制精准度。明确项目实施计划与目标，彰显业务部门的管理责任和业绩责任；控制项目实施偏差风险、及时纠偏，确保预算执行成效。

二、预算审查数字化平台应用案例

1. 基本情况

某地区电网企业开发了成本项目预算审查数字化平台，将有效性分析研究成果嵌入系统，通过规范业务部门系统填报行为，完善成本属性信息，显著提高项目立项及预算申报深度，强化事前控制，加强成本问效的数字化应用落地，为有效性分析奠定基础。

2. 主要做法

立足专项费用审查平台构建，结合现有成本有效性分析体系，明确成本预算审查数字化平台具体属性及信息。业务部门在平台填报专项费用时，需要针对依据及成本必要性、项目内容、费用构成、近年类似项目费用比较、成本有效性等方面进行论证阐述。项目专项费用申请填报窗口基本功能如图 4-3 所示。

（1）项目信息基本情况。成本项目预算审查数字化平台可自动识别填报人账号和项目创建路径，读取项目是否跨年，调整类别、年份、填报部门、填报人、处室等字段，一键生成相关基础信息；结转项目须填写已有项目编码，作为与历史项目数据的挂接依据。

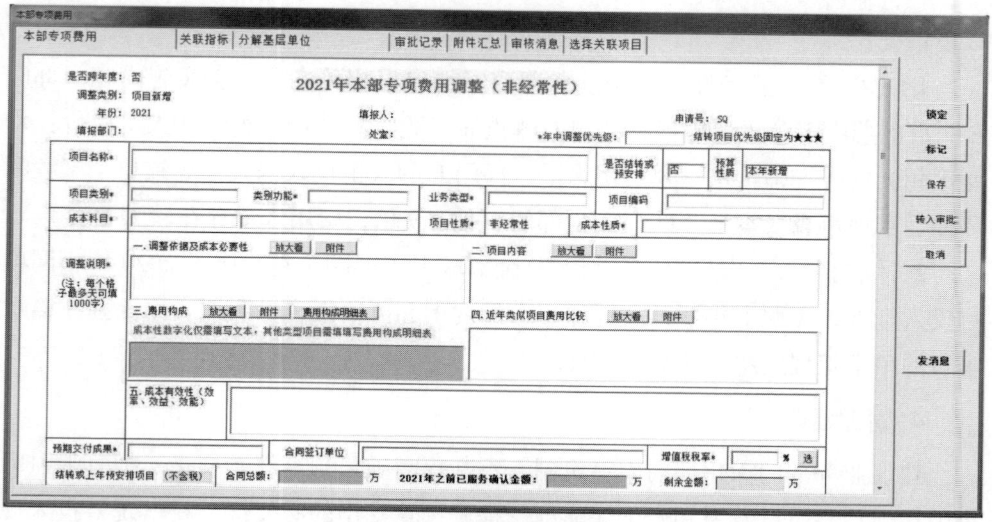

图 4–3　项目专项费用申请填报窗口基本功能

（2）多重属性信息填报。基于成本标签设计体系构建，项目在填报专项费用时，需依据成本已有大类功能领域细化、梳理专业需求投向，匹配状态属性分类，分别填报项目名称、类别功能、业务类型、成本科目，以及项目和成本所属性质，实现成本专项标签化管理、成本多维度解析，提高成本管理颗粒度和精益水平。

（3）必要性论证分析。业务部门需对项目必要性进行阐述，同时需上传立项依据等附件。立项依据包括且不限于国家、行业政策指引和上级单位文件规定，是项目必要性的支撑材料，确保成本投入需求合理，帮助审核人员在有限的资金中迅速甄别项目重要程度。

（4）设置费用构成表单。专项费用一般由人工费、设备使用费（仪器设备、软件使用）、业务费、场地使用费、专家咨询费、其他 6 类构成，通过分类设置数量、单价、费用依据栏目，推动成本费用具象化、透明化、清晰化。专项费用构成明细（人工费、业务费）具体界面如图 4-4 和图 4-5 所示。

（5）强化成本有效性分析。通过梳理总结现行的电网企业负责人业绩指标、专业考核指标，导入系统形成常用指标库。填报人可在不同层级指标体系中勾选关联指标，探究该项目在实现相关指标提升方面的目标及成就，为推进成本执行成效量化分析，实现业务协同数字化、驱动成本精益化提供参考价值。

图 4–4　专项费用构成明细（人工费）

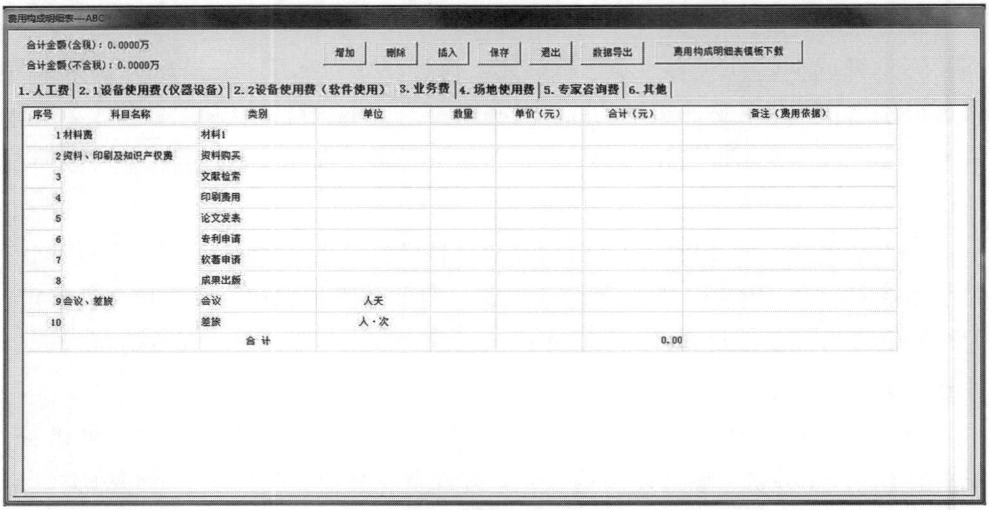

图 4–5　专项费用构成明细（业务费）

（6）细分核减原因。系统设置专业部门评审意见、财务审核意见栏，固化必要性不足、动因（数量）不合理、标准（单价）不合理、有效性不足 4 个通用意见选项，专业部门内审、财务部门初审时指出关键问题并反馈具体意见，便于填报人员对照意见修改，同时为大数据统计分析奠定基础。专项费用核减原因页面截图见图 4-6。

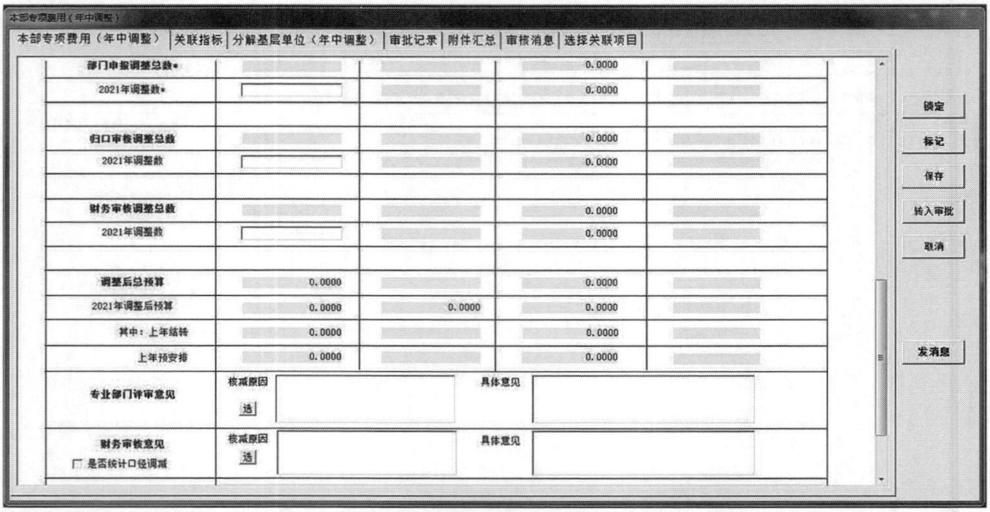

图 4–6　专项费用核减原因页面截图

3. 成效分析

结合预算审查数字化平台完善及应用，实现数据深化细化，成本问效赋能成本管理，推进成本项目审核从技术应用、流程重塑到模式创新的系统性变革。通过信息化平台的优化升级，进一步实现成本自动化统计、智能化穿透分析，助力成本数字化治理，在推进业财融合、促进财务数字化转型方面取得明显成效。

4. 管理建议

基于项目审查平台，进一步优化完善系统功能，利用数字化手段，强化大数据积累、统计与分析。自动收集费用标准，将同类项目的人工、设备租赁、场地租金、专家费等常用价格标准整合归集，打造标准动态库，确保同类项目标准统一、有据可依。向业务部门开放标准动态库权限，全流程引导业务部门参照标准填报预算、财务部门依托标准审核成本，全面提升成本管控质效。

三、无人机巡检项目成本有效性分析应用案例

1. 基本情况

（1）背景介绍。传统输电线路通道巡检主要依靠人工巡检方式，但人工巡检存在强度大、耗时多、安全风险高、效率低等问题，无人机巡检正好弥补了这些不足，作业过程中可预先设定飞行航线以适应不同的巡检线路和目标，并利用独特的空中检测优势，从不同角度拍摄图像，有效提高输电线路巡检质量和效率。

（2）实施必要性。随着电网企业运维检修机械化水平的提高，传统的人工巡检已难以满足时间紧、任务重、体量大的巡检工作要求。无人机智能巡检方式的推广，能够将运维人员从体力劳动中解放出来，升级为脑力劳动者和业务管理者，是电网企业科技技术进步的发展方向，对提升运检智能化水平具有重要意义。

（3）主要功能。巡检使用的无人机主要包括固定翼无人机和多旋翼无人机两种，其中，固定翼无人机主要用于输电线路巡视，特点是续航强、速度快，适合大范围、长距离的巡检；多旋翼无人机主要用于精细化巡检，可搭载专业可见光成像设备、红外热成像仪等，对输电线路导地线、铁塔、金具、绝缘子等微小目标进行检测，实现对不同杆塔、不同电压等级线路的精细化巡检。

从成本列支渠道看，在某电网企业中，无人机测绘归属于“检修运维专项费用”。

2. 实施情况

2018~2020 年某电网企业针对主网（输变电）共开展 7 个无人机巡检项目，按类型划分主要为输电线路固定翼无人机通道巡检、输电线路旋翼无人机杆塔精细化巡检（含输电线路红外测温）、输电线路无人机三维建模、输电线路重要通道精益化多旋翼无人机测绘等四种类型。项目合计巡检线路长度为 1045.88km，巡检杆塔数量 4335.50 基。线路巡检单价、杆塔巡检单价、发现缺陷数量等项目明细信息如表 4-4 所示。

表 4-4　　2018~2020 年无人机巡检项目情况表

序号	项目名称	巡检线路长度（km）	巡检杆塔数量（基）	发现缺陷数量（个）
1	2018 年无人机巡视项目一	100.00	780	322
2	2018 年无人机巡视项目二	200.00	1560	694
3	2019~2020 年无人机辅助巡检	200.00	1500	2004
4	2019~2020 年输电线路直升机（无人机）三维扫描建模	403.02	—	不适用
5	2020~2021 年重要输电线路耐张线夹红外测温（无人机）	—	78	—
6	2020~2021 年无人机辅助巡检	—	417.5	—
7	输电线路重要通道精益化多旋翼无人机测绘	142.86	—	不适用
合计		1045.88	4335.50	

3. 成效分析

（1）取得成效方面。以“2018 年无人机巡视项目一”为例，该项目巡线 100km，巡检杆塔 780 基，巡线所处地貌山地、丘陵、平原交错分布，海拔最高为 1682m。针对人工巡检、无人机巡检成本情况展开对比，通过测算人工巡检成本中涵盖的人工成本、车辆运营及摊销成本、设备费用、安全费和差旅费，得出现阶段无人机巡检成本仍然较高。从成本方面来看，无人机巡检经济性低于人工巡检，但是给输电线路巡检带来了效率、质量、安全等方面的提升。

1）效率方面。首先是用时明显缩短。无人机完成 100km 线路巡检需要 1 个固定翼机组 1 天的工作量，相比人工巡检 2 个班组 4 人 2 天的工作量，巡检时间缩短 50%；无人机完成 780 基杆塔巡检需要 2 个多旋翼机组 26 天的工作量，相比人工巡检 2 个班组 4 人 65 天的工作量，巡检时间缩短 60%。其次巡检效率明显提升。无人机巡检每个机组每天可巡检 100km 线路、15 基杆塔，相比人工巡检每班组每天巡检 30km、6 基杆塔，效率提升 1.5 倍以上。其中，数据估算并未考虑车辆转场等耗费的在途时间，车辆转场等耗费成本是不可避免的，但从转场时间看无人机比人工巡检更短，因此实际无人机巡检效率可能比测算值更高。具体情况如表 4-5 所示。

表 4–5　　人工巡检、无人机巡检效率对比情况表

评估指标	具体指标	单位	人工巡检	无人机巡检	变动幅度	变动说明
效率	线路巡检里程	km/［天·班组（机组）］	30	100	233.33%	无人机线路巡检效率提高 2.33 倍
	线路巡检用时	天	2	1	–50.00%	无人机线路巡检时间缩短 50%
	巡检杆塔数量	基 /［天·班组（机组）］	6	15	150.00%	无人机杆塔巡检效率提高 1.5 倍
	杆塔巡检时间	天	65	26	–60.00%	无人机杆塔巡检时间缩短 60%

2）质量方面。无人机通过搭载高清拍摄设备，从不同角度对输电线路和杆塔进行全方位地拍摄高清图像和视频，能精准地识别细小设备或部件缺陷，弥补了人工巡检中受观测角度、高度、距离等限制而造成的缺陷识别率较低的问题。此外，通过引入无人机巡检影像智能识别工具，大大提高了通道线路缺陷识别率、杆塔缺陷识别率。

3）安全方面。传统人工巡检方式下，对于山区、丘陵、沟壑等特殊地段的线路巡检，需人工徒步至杆塔所在的山脊、山顶等所在地，路途艰辛并会存在较大的人身安全风险。在无人机巡检方式下，人员只需选择在一处相对安全的地带，遥控指挥无人机，对杆塔和线路进行巡检即可，有效降低人身安全风险发生的可能。

（2）成效不足方面。

1）个别项目巡检效率偏低。“2018 年无人机巡视项目二”项目巡线 200km、巡检杆塔 1560 基，发现缺陷 694 个，其中发现危急缺陷 5 个，占比 0.58%；“2019~2020 年无人机辅助巡检”项目巡线 200km、巡检杆塔 1500 基，发现缺陷 2004 个，其中危急缺陷 545 个，占比 27.20%。2018 年与 2019~2020 年项目中巡线长度及巡检杆塔数量相近，但前者发现缺陷总量、危急缺陷占比均小于后者，尤其是发现危急缺陷占比相差近 47 倍，巡视效率、缺陷定位精准性有待提升。

2）个别项目巡检成本有效性不足。通过分析“2019~2020 年输电线路直升机（无人机）三维扫描建模”和“2020~2021 年重要输电线路耐张线夹红外测温（无人机）”两个项目发现，相似工作内容使用直升机巡检单价为普通无人机巡检的约 13 倍，使用直升机的经济性相对不足，必要性和成本合理性有待考量。

3）个别项目线路单价暂无标准。“输电线路重要通道精益化多旋翼无人机测绘”项目主要是对 110kV 及以上输电线路进行通道扫描及三维建模，分析获取线路整体数据，完成输电线路危险点分析报告、输电线路交叉跨越明细报告、树竹隐患区的平断面图、档对剖面图。对于此类新设备、新技术的应用，目前暂无标准或价格依据可参考，此类项目的业务价格暂根据其他电网企业同类型项目近年中标价来确定。

4）无人机巡检结果未形成闭环管控。对于无人机巡检发现的危急缺陷，根据电网企业规章制度要求应 24h 内反馈至巡检班组组织消缺，并将消缺记录录入项目管控系统，但项目管控系统未区分无人机巡检消缺记录和班组人工巡检消缺记录，不便于追溯无人机巡检发现危急缺陷的整改情况；对于无人机巡检发现的严重缺陷、一般缺陷，纳入班组人工巡检发现缺陷进行统一管理，但仅将部分严重缺陷、一般缺陷录入项目管控系统进行消缺管理，不利于动态监测无人机巡检发现缺陷的整改情况，可能存在部分缺陷遗漏整改的现象。

4. 管理建议

（1）提高巡检效率。数据采集方面，业务部门对于实施单位的巡检数据应进行动态监测，包括但不限于月报填报及时性、准确性、机巡拍摄影像质量、缺陷分类错误等，并定期实地查看现场出现的缺陷是否全被识别，是否出现因无人机操控人员缺陷识别能力不足等原因造成遗漏的情形；数据分析方面，对巡视数据进行区域性缺陷分析、不同线路巡检数据对比分析等，找出设备缺陷发生规律，并根据分析结果及时调整巡视重要通道线路或杆塔重点部位，保证巡检的效率和质量。

（2）明确无人机测绘费用标准。针对无人机测绘项目当前无明确标准的情况，综合考虑相同电网企业同类型项目中标价、该类项目历史成本及其他行业无人机巡视测绘价格，制定科学合理的无人机测绘项目费用标准，作为今后年度该类项目预算申报的参考。

（3）加强缺陷整改环节管控。进一步加强无人机发现缺陷整改闭环管控，促使业务部门将无人机巡检发现的危急缺陷、严重缺陷、一般缺陷一并纳入项目管控系统进行统一管控，制定整改计划、明确整改责任人、整改时间节点等内容，在线实时监测缺陷的整改落实情况，对于危急缺陷未及时整改、严重缺陷长时间未组织整改也未说明原因的，要追溯相关人员责任。

（4）加强预算经济合理性审核。对项目申报的预算，按照评价标准开展经济合理性审查，与类似项目对比费用波动是否较大、是否符合相关标准和价格水平、是否与业务规模匹配等，充分论证无人机巡检的合理性和经济性。细化无人机技术方案和选型，比如无人机三维建模项目申报时，划分固定翼无人机、多旋翼无人机、无人直升机等模块进行填报，并充分论证选择机型的合理性和经济性。

（5）优化成本管控，提高综合效益。针对无人机巡检成本高于人工巡检的情况，对无人机巡检成本费用，以及带来的效率、质量、安全、管理提升等方面内容进行综合效益评价。同时，对于自购或租赁等渠道投入的无人机，研究自主实施无人机巡检与无人机巡检委托实施在成本、效率、安全等方面优劣之处的对比，择优选取综合效益最高的巡检方式。

第五章 电网企业投入产出经营效能评估管理理念、方法及应用

第一节 投入产出经营效能评估概述

一、投入产出经营效能评估实施背景

电网企业经营发展环境一直面临着复杂深刻的变化，在加速推进各项改革、服务“双碳”目标实现、建成世界一流企业等方面遇到重大挑战。如何统筹稳投资、降成本、提效益、促改革等多元目标要求，提升投入产出效率和成本支出效果，是电网企业目前最关注的焦点问题。因此，为适应内外部形势新变化，支持和服务高质量发展，对电网企业投入产出效率进行研究，建立相应的评级机制很有必要。投入产出经营效能评估是电网企业在新形势下实现高质量发展的迫切需要，是优化资源配置、实现提质增效的必要手段。

（1）顺应国资改革潮流。国家发展改革委持续推进输配电价改革，规范电网企业成本监察核算，意味着电网企业需要进一步优化投资经营结构，做精做强成本管理，从而实现提质增效，落实高质量发展和精益化管理要求。

（2）电网企业仍面临较大的投资刚性，服务“双碳”目标，接续助力乡村振兴，构建以最大化消纳新能源为主要任务的新型电力系统，引领低碳转型与电网升级，成为电网企业和电网新发展阶段面临的重大历史任务。

（3）国资委部署推进中央企业创建世界一流示范企业，对高质量发展提出了更高要求，意味着电网企业迫切需要提高全要素生产率，推动企业内涵式增长。

（4）国家发展改革委提出进一步提升市场配置能源资源的决定性作用，引导能源要素合理流动和高效配置。电网企业可以通过进一步优化资源统筹配置、提升价值引领能力、平衡效益和风险，实现能源合理流动、高效配置，推动能源清洁低碳安全高效利用。

（5）在我国目前经济发展环境下，电网企业作为国民经济的重要组成部分，在电力领域扮演着不可或缺的角色，有效衔接电源侧和用户侧的桥梁，其投资成效对于国民经济的发展起着至关重要的作用。

二、电网企业投入产出经营效能评估内涵和特点

1. 投入产出经营效能评估的定义

（1）投入是进行一项活动的消耗。如电网企业为了输配电需要进行资本资源、人力资源、资产资源、技术资源等投入。资本资源指企业在某一固定时期内建造和购买固定资产的工作量以及与此相关的项目投资与成本费用，资本资源主要分为投资和成本两类，该类资源结合电网企业的实际特性，从投资和成本两个角度进行阐述。人力资源，从企业投入产出的角度出发，企业期望人力资本能带来高产出，创造经济价值。资产资源是指在经济主体建造和购置固定资产方面的资产投入，因此实物投资的对象主要是用于生产经营活动的固定资产。技术资源是指自然科学知识在生产过程中的应用，是直接的生产力，是改造生产经营活动的方法、手段。

（2）产出是指进行一项活动的结果。如电网企业的生产活动的结果是为电网企业的盈利、保障居民用电，稳定经济发展等。电网企业的最大责任是保障国家能源安全、满足人民群众用电需要，加强全网电力供应能力统筹，强化省间余缺互济，优化电网运行方式安排，全力以赴保经济增长、保社会稳定、保民生用电、保电网安全，其次再考虑盈利情况，通过控制成本和降损耗提高经济价值。

（3）效能是指在规定条件下达到规定使用目标的能力。电网企业往往具有一系列评价其经营状况的指标，但这些指标涉及电网企业的各个方面，共存于电网企业之中。因此，不能以个别指标来评价电网企业的优劣，而是根据承担的具体目标寻找能描述其整体经营状况的指标。这就要求把最能反映电网企业经营状况的各种指标综合在一起，形成一个反映电网企业综合实力的评估体系，这就是效能评估。

2. 电网企业投入产出经营效能评估特点

（1）评估对象更全面，分析维度更细化。电网企业复杂的组织结构、庞大的资产规模，都给投入产出经营效能评估体系的构建带来了一定考验。从组织结构方面，评估对象覆盖到最小组织单位（供电所）；资产方面，统筹考虑营销服务、设备管理、投资规划“网格化”（最小资产组）专业管理趋势，以及建设运维、项目投入的承载主体等因素，将评估对象细化至网格。

（2）评估角度更多维，考虑因素更全面。电网企业既要考虑“三大责任”（经济责任、社会责任、政治责任），还要考虑企业内部考核，以及对标一流企业发展目标。投入产出经营效能评估体系综合考虑社会责任、内在发展潜力、盈利能力、

电网资产运行效率等因素，全方位评价评估对象的投入产出经营效能情况。

（3）评估手段更智能，经营画像更清晰。效能评估平台可以直观展示投入产出经营效能评估结果，辅助管理者决策。通过对评估对象进行自动归类分析，实现对评估对象投入产出情况的精准评估，并准确定位评估对象经营薄弱环节和管理短板。

（4）成果应用更广泛，经营决策更合理。投入产出经营效能评估体系可在电网企业预算管理的全流程进行应用。一是事前辅助资源分配决策，发挥前评估对精准投资的支撑作用；二是事中优化项目经济性审查，辅助项目审查人员更加客观评估项目立项的经济性；三是事后支撑项目投入产出后评价，形成精准投资闭环管控。

三、投入产出经营效能评估相关理论方法

1. 投入产出经营效能评估相关理论

投入产出效能评估结合了宏观的企业层面的投入产出分析，以及微观的资产投入产出分析。充分运用投入产出分析，电网企业可对自身经营状况进行科学评价，增强成本管理活性，提升资源配置能力。投入产出分析是研究经济系统各个部分间表现为投入与产出的相互依存关系的经济数量方法，其基础理论包括一般均衡理论和社会再生产理论。

（1）一般均衡理论。一般均衡理论（General Equilibrium Theory）认为，各种经济现象之间的关系都可以表现为数量关系，这种数量关系全面的相互依存、相互影响，并在一定条件下达到均衡。列昂惕夫（投入产出分析方法的创始人）曾说过“投入产出分析是用新古典学派的一般均衡理论，对各种错综复杂的经济活动之间在数量上的相互依赖关系进行经验研究”，是一般均衡理论的具体“延伸”。例如，一种商品的供给、需求和价格都并不是独立的，而是相互作用的。当每种商品的供给和需求都相等时，整个价格体系就形成全部均衡。因此，要确定某些经济变量的值，就不应只采取因果的方法去求每个经济变量的唯一决定因素，而必须把这些经济变量间的关系表现为函数关系，并用方程组来同时求得它们的解。

（2）社会再生产理论。社会再生产理论（Theory of Social Reproduction）是指关于一切社会形态、社会再生产过程及其规律的理论。社会再生产过程包括生产、分配、交换、消费等环节。社会再生产理论把整个社会生产划分为生产资料的生产和消费资料的生产。研究和应用投入产出表时，依据社会再生产理论，从国民

经济是一个有机整体出发，同时从生产和消费两个方面展现社会产品的运动过程。

2. 投入产出经营效能评估相关指标筛选方法

构建投入产出经营效能评估体系的关键问题是如何从众多指标体系中选取符合电网企业核心的考核指标，并能够充分体现电网企业各方面经营情况，这样才能全面对电网企业进行综合效能评估，涉及筛选方法有主成分分析和专家法。

（1）主成分分析。主成分分析是利用数学上降维的思想，通过分析各个指标之间的相关关系，把多个指标问题转化为包含众多信息的几个主成分来简化研究问题，主成分分析法的目的是用较少的变量去解释原来资料中的大部分变量，将我们手中许多相关性很高的变量转化成彼此相互独立或不相关的变量。通常是选出比原始变量个数少，能解释大部分资料中变量的几个新变量，即所谓主成分，并用以解释资料的综合性指标。通过对指标进行关联性分析，对指标进行剔除和合并，最后形成综合代表性指标，精简指标数量，提升指标综合性及投入产出评价开展的可操作性。

（2）专家法。专家法最著名的就是德尔菲法，是采取背对背的通信方式征询专家小组成员的预测意见，经过几轮征询，使专家小组的预测意见趋于集中，从而根据专家意见对评价对象做出定性和定量相结合的预测和评价的方法。通过对专家咨询的意见集中程度、可靠性、权威性及协调性进行验证，从而确定科学的投入产出效能评估指标。

3. 投入产出经营效能评估相关评估方法

构建科学全面的投入产出经营效能评估体系的核心问题在于如何平衡量纲不同、维度不同的各评估指标，对电网企业进行客观评价。针对投入产出经营效能评估数据存在量纲不一、无法直接用于评估等问题，运用无量纲化方法、归一化处理法，对评估数据进行量化处理，去除不同数据的量纲，并将数据归一化，最后形成统一标准进行评价。同时采用科学的方法制定指标权重，涉及评估方法有层次分析法、熵权法。影响效能评估结果的一个重要因素就是如何将多目标问题转化为单目标问题，实现对电网企业综合评价，涉及评估方法有线性加权法。如何对电网企业进行客观评价，并挖掘潜在风险，是影响效能结果分析的关键点，涉及评估方法有对标分析方法、动因分析方法。

（1）数据量化方法。下面运用无量纲化方法和归一化处理法对不同维度的基础数据进行量化处理。

1）无量纲化方法。无量纲化（Nondimensionalize 或 Dimensionless）是指通

过一个合适的变量替代，将一个涉及物理量的方程的部分或全部的单位移除，以求达到简化实验或者计算的目的，是科学研究中一种重要的处理思想。在建立指标评价体系时，常常会面临不同类型的数据处理及融合，而各个指标之间由于计量单位和数量级的不尽相同，从而使各指标间不具有可比性，并且直接累加不能正确反映评价结果。运用无量纲化方法可以解决以上问题，使所有指标对评价体系的作用力同趋化。

2）归一化处理法。归一化处理法是将样本的特征值转换到同一量纲下，把数据映射到 [0, 1] 或者 [−1, 1] 区间内。由于不同维度的评价指标往往具有不同的量纲和量纲单位，这种情况会影响到数据分析的精准性，为了避免指标之间的量纲影响，需要进行数据标准化处理，以解决数据指标之间不具可比性的问题。基础数据经过数据标准化处理后，各指标处于同一数量级，便于进行综合对比评价。

（2）权重确定方法。下面运用层次分析法和熵权法设置指标权重。

1）层次分析法。层次分析法（Analytic Hierarchy Process，AHP）首先将决策问题细化分解，分为不同目标层，每个目标层代表决策问题的重要组成部分，然后根据评级准则与评价规范，结合求解判断矩阵的方法，对特征向量进行计算，得出每一目标层元素对应的权重，最后再运用加权求和的方法计算出各个备选方案对应总目标的最终权重，其中权重最大者为最优方案。总体来说，层次分析法流程图如图 5-1 所示。

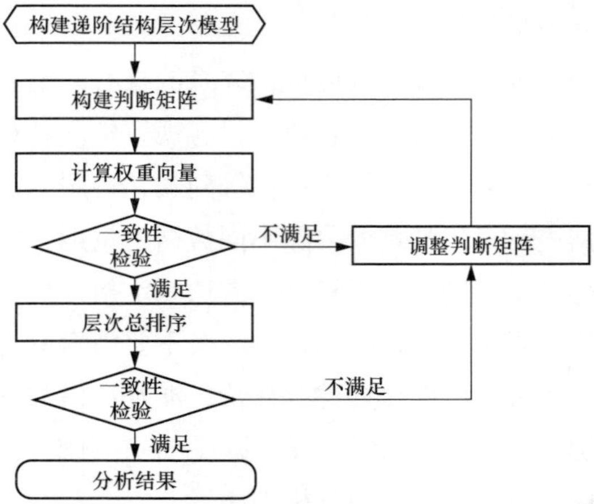

图 5–1　层次分析法流程图

首先构建层次结构，对决策问题进行细化分解，梳理构造形成一个由上到下的层次结构，复杂问题被分解为多个核心元素；其次构造判断矩阵，再次开展单排序一致性检验；最后开展总排序一致性检验。

2）熵权法。熵权法是一种在综合考虑各因素提供信息量的基础上计算一个综合指标的数学方法。作为客观综合定权法，其主要根据各指标传递给决策者的信息量大小来确定权重。对于某项指标，可以用熵值来判断某个指标的离散程度，其信息熵值越小，指标的离散程度越大，该指标对综合评价的影响（即权重）就越大，如果某项指标的值全部相等，则该指标在综合评价中不起作用。因此，可利用信息熵这个工具，计算出各个指标的权重，为多指标综合评价提供依据。

（3）综合评价模型。下面运用线性加权法对效能得分进行汇总计算。

线性加权法是将目标函数线性加权求和，将多目标问题转化为单目标规划的算法。在具体的多目标问题中，首先在目标函数和所对应的非负数之间，设定一组与各目标对应的非负数，两者的关系是越大，表示在模型中越重要；其次赋予目标函数对应的权重，再进行求和，就能得到标量化的数值。

（4）评估因素分析方法。下面运用对标分析方法和动因分析方法对评估对象进行多维度穿透分析。

1）对标分析方法。对标分析方法基于标杆管理理论，对评估对象进行对比分析，不断寻找和研究同行一流公司的最佳实践，并以此为基准与本企业进行比较、分析、判断，从而使自己企业不断改进，进入或赶超一流公司，创造优秀业绩的良性循环过程。其核心是向业内或业外的最优秀的企业学习。通过学习，企业重新思考和改进经营实践，创造自己的最佳实践，这实际上是模仿创新的过程。

2）动因分析方法。动因分析方法基于 DPSIR 概念模型，通过指标体系进行多层穿透分析。DPSIR 概念模型即驱动力（Driving forces）、压力（Pressure）、状态（State）、影响（Impact）和响应（Responses）模型，最早由经济合作与发展组织（OECD）在 1993 年对 PSR 模型和 DSR 模型修订而提出的，该 DPSIR 模型中利用逻辑思维“原因—效应—响应”来构造系统的指标体系，是针对系统问题而提出来的。DPSIR 模型是基于因果关系组织信息及相关指数的框架，目的在于建立驱动力—压力—状态—影响—响应因果关系链。根据 DPSIR 概念模型，构建以信息链条作为电网企业投入产出传导分析体系。从不同角度衡量电网企业投资需求与目标，并通过相应指标来体现电网运行安全可靠、电网经营效益、电网管理效率等对于不同要素投入决策的反馈。

第二节　电网企业投入产出经营效能评估体系架构设计

一、投入产出经营效能评估体系设计思路

我国已转向高质量发展阶段，国家对电网企业的高质量发展提出了明确要求。近年来电网企业快速发展，投资规模不断加大，投入需求不断增长，企业更需要加强投入产出意识，通过建立健全投入产出评估机制，提高投入产出效率和资产利用效率，推动电网企业健康可持续发展。

1. 实现业财数据匹配

为了实现对电网企业全面效能评估，运用数字化手段，将各部门的业务信息进行归纳整合，并建立各层级投入数据归集分摊规则，解决传统评估因历史数据量大、新数据不能及时更新、无法及时完成数据分摊等问题。对于无法归集的成本，以成本动因、作业动因等为分摊规则，实现业财数据匹配。

2. 实现全面评估

构建全视角、全方位的评估体系，应借鉴国际一流企业的评价体系，以及电网企业内对标体系和考核体系等，并结合企业的短板问题，顺应电价监管、国资国企改革等外部政策形势，找出投入产出指标遴选与体系构建的切入点和发力点。通过全面识别、系统筛选、科学确定，建立投入产出经营效能指标体系，实现电网企业经营情况的全面评估。

3. 实现全流程应用

投入产出经营效能评估体系只有应用于企业实际管理中，才能体现其价值。电网企业对投入产出经营效能评估具有不同管理需求，通过研究经营效能评估在资源投入事前、事中、事后的全流程应用，突出目标导向、问题导向和结果导向，构建投入产出经营效能评估应用场景。

二、投入产出经营效能评估体系框架

为了满足电网企业多层管理者的需求，按照“分层评价、多维分析、纵向穿透”总体思路，通过明确各层级的投入产出效能评估对象，科学制定投入归集分摊规则，建立“五力三效”（保障力、竞争力、运营力、财力、发展力、效率、效益、效果）指标体系，设计效能评估应用场景及搭建效能评估辅助平台，构建投入产出经营效能评估体系。最终通过各层级的基础数据，验证投入产出

经营效能评估体系的合理性与精准性，投入产出经营效能评估体系框架如图 5-2 所示。

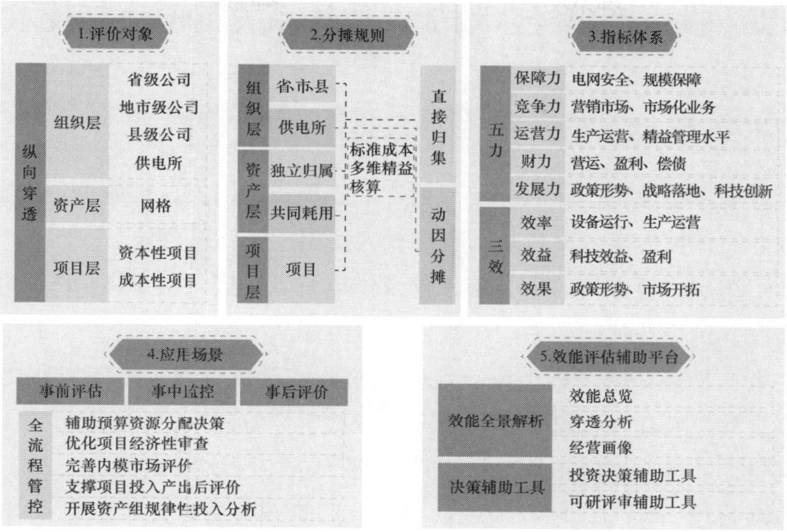

图 5–2　投入产出效能评估体系框架

如图 5-2 所示，投入产出经营效能评估体系构建的过程主要包含以下几个步骤。

（1）明确评估对象。恰当的评估对象是效能评估的基础，结合电网企业经营特点和管理实际，从组织层、资产层、项目层三个层级构建投入产出效能评估体系，实现对电网企业的全方位效能评估。

（2）制定分摊规则。清晰合理的投入归类分摊是开展投入产出效能评价的数据基础。将电网资源投入按不同性质划分，建立组织层、资产层、项目层等各层级投入的合理归类分摊规则，推动成本投入的全面量化。

（3）构建指标体系。在关注“保障力、竞争力、运营力、财力、发展力”经营情况的同时，兼顾“效率、效益、效果”产出情况，构建“五力三效”指标评估体系，实现多约束条件下的最优经营效能点。

（4）设计应用场景。电网企业着重推进辅助资源分配决策、完善升级内模市场评价、优化项目经济性审查、开展资源规律性投入分析及完善项目投入产出后评价五方面重点应用。

（5）搭建效能平台。基于“五力三效”评估指标体系，开展经营效能评估平台构建，围绕多层级的投入产出评价对象，多维视角分析公司投入产出效能情况，实现效能评估总览及穿透分析，智能化呈现组织层经营画像。

第三节 投入产出经营效能评估体系关键模块与技术方法

一、投入产出经营效能评估对象集合

遵循分层评价原则，从组织层、资产层、项目层出发，理顺评估对象，区分不同层级开展评估需求差异分析，支撑投入产出指标体系构建。

（1）组织层。范围覆盖省、市、县及供电所等层级，科学评价各级组织的投入产出情况，传导花钱问效意识，激发组织内部活力。

（2）资产层。统筹考虑电网企业营销服务、设备管理及投资规划“网格化”专业管理趋势以及建设运维、项目投入的承载主体等因素，创新提出将评估对象细化至网格，助推投入产出情况从“看得见”向“看得清”转变。

（3）项目层。主要以项目为评估对象，同时积极发挥成本项目化管理优势，对类项目化成本的投入产出评估参照项目评估进行。

二、投入产出经营效能评估体系构建

投入产出经营效能评估体系中最为核心两个模块是指标体系和评估模型，指标体系影响效能评估结果的客观性，评估模型影响效能评估结果的精准性，运用科学方法设计指标体系和评估模型，确保效能评估结果全面、精确。

（一）指标体系设计

建立指标体系是投入产出经营效能评估的核心内容之一。指标体系可以将多层次、多因素、复杂的投入产出经营效能评估问题进行量化处理，能够有效反映当前企业技术升级、管理模式改进、产品质量提高、企业结构升级的综合能力，因此通过结合生产要素定义、系统梳理相关研究成果，并分析和挖掘电网企业经营特性与业务类型，构建投入产出经营效能评估指标体系（以下简称投入产出评价指标体系）。

1. 指标体系构建的思路与原则

（1）指标体系构建的思路如下。

1）结合生产要素的主要定义，重新考量生产要素定义中对于投入要素的界定，并进一步结合当前发展形势与发展需求，对定义内容进行扩充与完善，符合

当前技术创新等先进理念。

2）结合相关理论研究成果梳理总结，综合其他行业对于投入产出的理解与研究，总结凝练部分共性代表性指标作为参考。

3）结合相关管理咨询机构对投入产出的研究与探索，进一步丰富投入产出要素集合，通过专业机构对于生产要素的界定与未来发展方向的研究，为指标体系的构建提供前瞻性、科学性的参考。

4）结合电网企业经营特性分析与业务内容分析，从企业不同专业、不同部门的角度对投入产出要素进行梳理，明确了电网企业的目标及实际需求，为构建具有符合电网企业特点的投入产出评价指标体系提供支撑。

（2）指标体系构建的原则。构建科学全面的指标体系需要综合考虑多方面因素，包括内外部经济环境、企业的战略方向，并兼顾各业务口的管理需求，也就意味着评估范围更广、要素更多、指标遴选也会越难，同时评估结果的偏差也越大。因此，构建投入产出评价指标体系要遵循以下原则。

1）定量衡量原则。构建投入产出评价指标体系时，必须考虑所选择的投入要素是可定量衡量。这一原则是为了确保在后续投入产出评价开展过程中该项指标数据便于获得和测算，且在保证相关数据可获得性的同时实现相关数据的准确性和可靠性，有效支撑评价结果分析与多场景应用。

2）全面拓展原则。构建投入产出评价指标体系时，必须结合电网企业的经营特性与业务类型，客观全面的反映不同业务部门的投入现状，需要在传统人、财、物等内容体系分析基础上，充分结合企业发展要求及发展目标，进行潜在要素挖掘，科学梳理与有效筛选，保障投入产出评价指标体系的全面性。

3）创新引领原则。构建投入产出评价指标体系时，必须考虑当前企业采用新技术、新工艺，进行管理和组织创新，提高全要素生产率的目标方向，依托企业创新发展理念，从技术投入、信息投入等多方面、多角度创新挖掘投入指标体系，把创新驱动放在发展的核心位置，进一步支撑创新投入的合理规划。

4）科学精简原则。构建投入产出评价指标体系时，一方面繁多的要素显著增加了研究难度，无法突出研究重点。另一方面过多的要素使得相应的决策单元数量也随之增加，从而对计算结果的有效性产生一定的影响，因此，在指标确定环节应充分考虑不同指标的代表性，遵循“精炼”的原则进行指标的确定，能够科学有效地体现新形势下电网企业全要素投入产出分析的内涵，避免片面性遴选不适宜的指标。

2. 投入产出经营效能评估指标体系构建的过程

按照定量衡量、全面拓展、创新引领和科学精简原则，通过指标库—指标集合—指标体系的指标筛选模式，梳理公司现行管理指标体系，筛选出监管关注、绩效考核重点、与经营效益具有直接关联、符合电网企业战略目标的要素，分别围绕组织层、资产层、项目层，建立对应投入产出评价指标体系，投入产出经营效能评估指标体系构建的过程如图 5-3 所示。

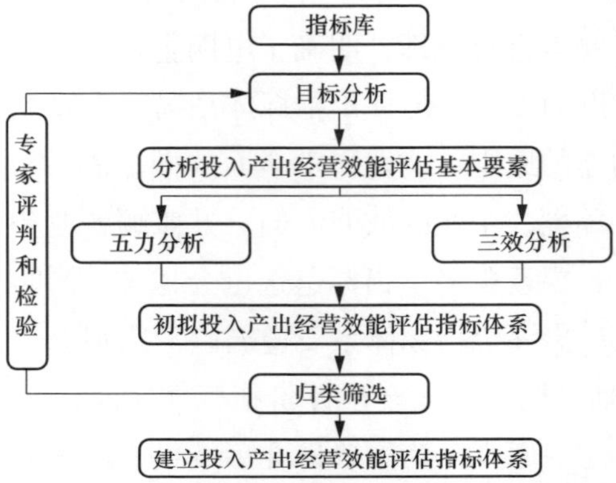

图 5–3　投入产出经营效能评估指标体系构建的过程

如图 5-3 所示，指标体系构建的过程主要包含以下几个步骤。

（1）指标库。投入产出经营效能指标体系只有充分反映电网企业的主要考核方面，才具有实操价值。构建投入产出经营效能评估指标体系必须梳理现有考核指标体系，明确考核重点，从公司经营、专业管理和战略引领等多视角构建指标库，为核心指标筛选奠定了基础。

（2）目标分析。目标分析是建立指标体系的基础。所谓目标，就是投入产出经营效能评估要达到的目的，是要求投入产出经营效能评估所能达到期望状态。电网企业的各业务部门对效能评估存在不同诉求，从而形成不同类型的目标。这些目标主要包括优化资源配置、提高管控水平等。

（3）分析投入产出基本要素。投入方面，结合当前电网企业的业务类型，从人员、网架、变电站等投入要素方面进行分析，以当前实际核心业务驱动为基础，作为指标体系的发起点。产出方面，从经济效益、社会效益等不同方面进行分析。

（4）“五力”分析。从电网企业经营情况的保障力、竞争力、运营力、财力、发展力这五个方面对指标库进行分析。保障力体现电网企业运营资产的保障能力，以及能够为社会提供优质服务的保障能力；竞争力体现电网企业所具备的核心竞争要素，以及在市场竞争、服务竞争等方面的成效；运营力体现电网企业日常运营的总体情况，以及电网的资产运营效率和企业管理水平；财力体现电网企业营运能力、偿债能力和盈利能力；发展力体现电网企业发展潜力，包括企业投资增量空间，以及新技术研究应用的情况。

（5）三效分析。从电网企业产出情况的三个方面即“三效”（效率、效益、效果）对指标库进行分析。效率包含设备运行、生产运营等方面；效益包含科技效益、盈利等方面；效果包含政策形势、市场开拓等方面。

（6）归类筛选。主成分分析法通过对指标进行关联性分析，对指标进行剔除和合并，最后形成综合代表性指标，约简指标数量，提升指标综合性及投入产出评价开展的可操作性。

（7）专家评判。对于初步建立投入产出经营效能评估指标体系，还需广泛征求专家和电网企业业务部门及相关专业人员的意见和建议，通过不断地反馈归纳整理，形成较为完善的投入产出经营效能评估指标体系。

（8）数据验证。通过试点单位的数据检验指标体系能否实现预计目标的情况，对指标体系偏差不断地修正，最终形成“五力三效”投入产出经营效能评估指标体系，如表 5-1 所示。

表 5–1　　　　　　　　投入产出经营效能指标体系

五力视角	评价指标	评价指数	三效视角
保障力	电网容载比等	供电能力指数	效果
	输电线路故障停运率等	安全可靠指数	效率
	乡村振兴电气化率等	社会保障指数	效益
竞争力	市场开拓率等	市场竞争指数	效果
	获得电力指数等	服务竞争指数	效果
	资产规模等等	核心竞争指数	效果
运营力	电网平均负载率等	资产运营指数	效率
	度电成本等	成本管理指数	效率
	全员劳动生产率等	人力运营能力指数	效率
财力	单位资产 EBITDA 增长率等	盈利能力指数	效益
	资产周转率等	营运能力指数	效率

续表

五力视角	评价指标	评价指数	三效视角
财力	自由现金流量等	偿债能力指数	效益
发展力	科技成果转化率等	创新动力指数	效益
	市场占有率增量空间占比等	投资动力指数	效率

（二）评估模型设计

以“五力三效”指标体系构建为基础，搭建评估模型。采用科学方法对基础数据进行无量纲化和归一化处理，并运用熵权法计算客观权重，层次分析法计算主观权重，综合计算出综合权重，最后，根据综合权重计算结果与数据无量纲化、归一化后的值，应用线性加权法得出最终的综合效能评估结果，具体流程如图 5-4 所示。

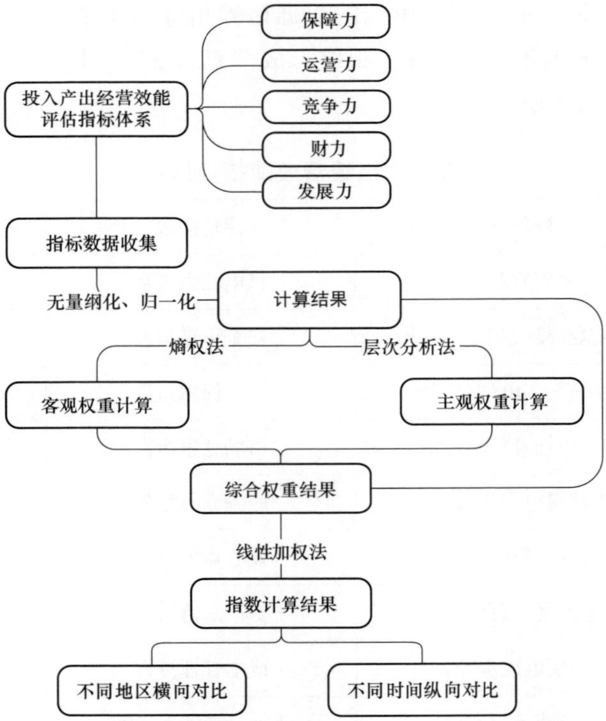

图 5–4　评估模型流程

如图 5-4 所示，评估模型构建的过程主要包含以下几个步骤。

1. 无量纲化、归一化处理

由于不同指标之间存在量纲不同，无法用同一标准计算，因此在数据分析之前，通常需要先将数据无量纲化、归一化，利用计算后的数据进行分析。无量纲化、归一化是一种简化计算的方式，即将有量纲的表达式，经过变换，化为无量纲的表达式，成为纯量。数据无量纲化处理主要解决数据的可比性。经过上述标准化处理，原始数据均转换为无量纲化指标测评值，即各指标值都处于同一个数量级别上，可以进行综合测评分析。

2. 确定综合权重

全业务、全视角、全方位考虑的效能指标体系面临的是如何权衡各指标所占的比重。权重的设置很大程度上影响了评估结果的公平性，以及想要传达引 导的企业发展方向，因此需要统筹考虑企业发展的战略部署和各业务部门的管理导向。本章从两方面确定综合权重，一方面运用熵权法，结合各个指标归一化处理结果，以及指标体系的相关数据进行客观权重计算。另一方面依托专家经验，运用层次分析法确定主观权重，最后结合主观权重与客观权重的计算结果，形成综合权重。

3. 综合效能得分

根据效能指标的业务特点，明确指标评分规则（趋于高值最优、趋于低值最优及趋于标准值最优三种评价标准），其中将趋近于标准值最优的指标值转换为这个指标对于标准值的偏差率。采用数据归一化方法将所有指标数据压缩到 0~1 之间，最后将指标值乘以对应权重即可得出单项效能值，采用线性加权求和的方法进行计算，得出综合效能值。

三、投入产出效能评估应用体系设计

应用体系共包含两个方面，一是效能评估在预算管理各环节上的应用。探索效能评估在资源投入事前、事中、事后的全流程应用，突出目标导向、问题导向和结果导向，多层级构建投入产出效能评估成果应用场景。二是通过打造应用智能的效能辅助平台，推进应用落地。开发效能评估总览及穿透分析功能，精准定位经营薄弱点；智能化呈现评估对象的经营画像，精准刻画评估对象的投入产出情况。

1. 全流程应用场景设计

投入产出评估体系建设完成后，最重要的就是融入电网企业生产经营全过程，确保实现资源投入事前、事中和事后全过程闭环管控。结合电网业务实际，可以在辅助资源分配决策、优化项目经济性审查、完善升级内模市场评价、开展资源规律性投入分析以及完善项目投入产出后评价五大方面开展应用。

（1）事前辅助资源分配决策。通过投入产出经营效能评估体系模型，建立“组织层—资产层—项目层”多层严控的预算分配机制。根据投入产出效能评估结果，形成组织层各评估对象的经营画像，清晰反映不同市、县投入产出“三效”的优势和短板，辅助年度总预算安排。在资产层通过分析存量资产效能，挖掘资产潜力，发现潜在风险，严格把控资产层面资金分配。通过多层严控的预算分配机制，提高资源配置效率，引导预算精准投向，发挥前评估对精准投入的支撑作用。

（2）事中优化项目经济性审查。将效能指标分项目类别固化嵌入可研方案的必要性和预期成果中，协同业务部门设置不同指标阈值下限，进一步完善项目可研评审，促进项目管理部门提高可研深度，辅助项目审查人员更加客观评估项目立项必要性和经济性，提高项目入库质量。

（3）事后应用于多层级投入产出分析评价。①在组织层，融入内部模拟市场评价。横向上对比衡量不同组织主体投入产出效能，形成同级组织效能产出比较；纵向上定位经营薄弱环节，定位提升方向；②在资产层，开展资产组规律性投入分析。结合标准成本深化应用、电网设备生产成本精益化管理等工作，对同规模资产组、同类型资产的投入产出效能评估，研究投入产出规律，形成专项分析报告，辅助投资决策；③在项目层，支撑项目投入产出后评价。基于投入产出效能评估指标构建后评价模型，对比项目实施前后投入产出指标评价结果，对比实际投资效益与预测效益，开展投入后评价；对类项目化管理的费用，检验同类别费用产出成效，分析资源耗费、查找偏差原因，形成预算管理闭环。

2. 信息化应用平台设计

（1）平台总体设计思路。效能评估辅助平台主要从以下三个方面开展信息化应用设计：①辅助经营分析，通过指标层层穿透，定位到业务前端和相关单位；②多视角展示投入产出情况，通过投入分布、效能趋势等分析，及时反映经营情况变化；③提供智能诊断，聚焦预算执行中的薄弱环节和重点问题，深度开展效能薄弱项分析，从展示投入分析向剖析业务动因转变，形成效能提升建议，强化结果运用。

根据以上设计思路，开发智能经营画像、全景分析、对标分析、动因分析等模块，打造“展示—分析—决策”一体化平台，实现从不同维度反映不同层级、不同业务差异化的动静态经营状态，为资源的科学合理配置提供辅助决策支撑。

（2）效能评估总览。综合外部环境、内部经营两大维度，依托投入产出效能评估平台，打造“投入产出画像”和“五型”画像，多角度展示各单位的投入产出情况，辅助电网企业投资决策，提高经营管理水平。

1）投入产出画像。通过分析各类投入数据以及“五力”指标数据，构建投入产出象限图，清晰展现同层级组织的经营成效分布，将各评估对象分为高投入高效能、高投入中效能、中投入中效能、低投入低效能等九大类，实现电网企业经营状况的精准定位。

2）“五型”画像。基于波士顿矩阵理论，创新构建“五型”画像，从综合效能值（总得分高位、中位、低位）、发展速度（高于均值、低于均值）及五力均衡情况（五力是否有短板）三个维度对评估单位开展经营评估，最终形成“五型”画像（优质型、发展型、稳定型、潜力型、缓慢型），明确经营定位，推动企业优化转型。

（3）效能动因穿透分析。基于效能评估结果，建立“全景分析、对标分析、动因分析”三大分析模块。一是基于投入与产出两个维度对电网企业的投资情况进行全景分析。二是按照省—市—县—供电所四级组织进行效能指数穿透分析，并提供同级对标功能，实现经营薄弱点的精准定位。三是动因分析功能，通过梳理指标的底层逻辑，确定核心参数，并以此作为动因，从根源找出效能改善策略，引导资源精准配置。

（4）决策辅助工具。围绕投资决策和项目可研，分别打造辅助工具。投资决策方面，运用效能评估模型将同类型组织、资产组以及项目投入产出效能结果进行横向比较，辅助预算分配人员完成投资分配方案。项目可研方面，根据投入产出效能评估指标，展示项目所属资产组效能现状及历史情况，辅助评审人员对项目经济性及必要性进行评价。

第四节　电网企业投入产出经营效能评估体系应用与实践

通过投入产出评估体系的构建与应用，可以为电网企业资源科学合理配置提供辅助决策支撑的同时，也能层层传导“花钱问效”理念，引导各层级准确把握投入产出内涵，树立综合效益与全要素效益理念，全面提高资金使用效益，真正把有限资金用在“刀刃”上。本章将介绍如何对投入产出经营效能评估结果进行穿透分析，定位电网企业的经营薄弱点，以及如何有针对性地改善经营效能情况，促进企业全过程资源精益调配，实现预算管理闭环。

一、地市级公司典型应用案例

本案例选取A地区范围内的所有地市级公司进行评估，收集近3年的效能评估基础数据，通过两种画像模型对各单位的总体情况进行刻画，并通过穿透分析、对标分析、动因分析对各公司进行效能深度分析，定位经营薄弱点，并提出提升建议，辅助各公司的经营决策。

1. 评估结果

通过投入产出经营效能评估模型的解算，可以得到各地市级公司指标得分和综合效能得分情况，各指标得分如表5-2所示。

表5-2 评估指标得分

序号	指标	*N*年指标得分								
		B市	C市	D市	E市	F市	G市	H市	I市	J市
1	市场占有率增量空间占比	2.58	2.40	2.23	2.52	2.64	2.30	2.66	2.52	2.71
2	科技成果转化率	2.06	1.96	1.87	2.11	1.90	2.02	2.82	2.24	2.19
3	电网智能化水平	1.84	2.06	1.64	2.03	1.53	1.91	1.86	1.84	1.80
…	……									
9	全员劳动生产率	2.49	2.41	3.09	2.07	2.17	2.05	1.97	1.99	1.85
10	度电成本	2.98	2.98	3.06	2.63	2.89	2.89	2.69	2.75	2.66
11	电网平均负载率	4.55	4.81	3.09	5.11	4.26	3.09	3.89	5.15	5.05
12	资产规模	2.91	3.09	2.26	2.16	2.36	1.94	2.05	2.11	2.05
13	市场占有率	3.54	3.93	3.74	4.12	2.83	3.74	3.34	2.48	4.07
14	市场开拓率	3.07	2.87	2.87	2.87	2.68	2.59	2.60	2.93	2.87
15	获得电力指数	4.95	5.15	5.15	4.91	4.95	4.95	4.91	4.95	4.95
16	研究与实验发展（R&D）经费投入强度	1.27	1.34	1.77	1.27	1.24	1.81	2.06	1.67	1.34

续表

序号	指标	N年指标得分								
		B市	C市	D市	E市	F市	G市	H市	I市	J市
17	自由现金流量	2.06	1.75	1.52	1.55	1.48	1.69	1.57	1.53	1.55
18	资产周转率	1.67	1.56	1.67	1.47	1.50	1.37	1.30	1.28	1.24
…	……									
30	变电设备故障停运率	1.78	1.94	2.06	1.69	1.71	2.06	1.90	1.96	1.36

2. 评估结果分析

本章首先对A地区各地市级公司的经营总体情况进行分析，选取典型公司，再进行进一步的穿透分析和特征分析，并针对问题，结合实际情况，提供改善建议。

（1）总体情况。近三年各地市级公司效能得分整体排名变化情况如图5-5所示：其中C市公司和D市公司一直维持在较好水准，位于全地区前三；B市公司发展迅速，效能得分水平逐年上升至较好水平；F市公司综合效能得分排名处于上升趋势，但*N*年综合效能得分排名从第四名跌倒第五名。本章以F市公司为例，通过穿透分析、特征分析找出原因并采取提出改善建议，提升综合效能。

从保障力、财力、发展力、运营力、竞争力等五个方面对各地市级公司的效能评估结果进行分析，如表5-3所示：*N*年综合效能得分最高的是B市公司，其次是C、D市公司。F市公司综合效能得分排名为全地区5名，其中：财力在全地区排名靠前，但是F市公司的发展力、竞争力、保障力方面全地区排名靠后，直接影响F市公司综合效能得分。

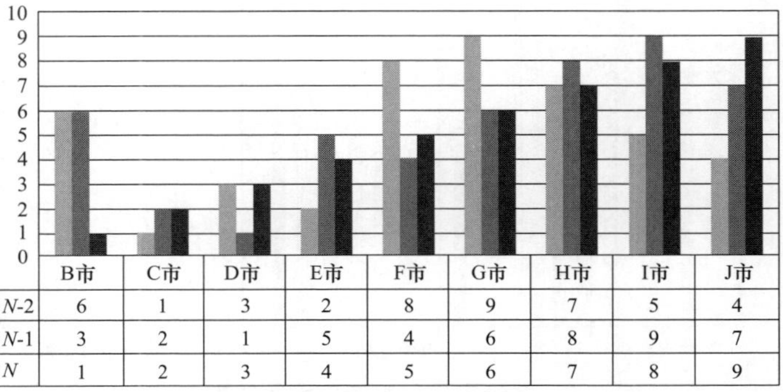

	B市	C市	D市	E市	F市	G市	H市	I市	J市
N-2	6	1	3	2	8	9	7	5	4
N-1	3	2	1	5	4	6	8	9	7
N	1	2	3	4	5	6	7	8	9

图5–5　A地区各地市级公司综合效能得分排名

表 5-3　　N 年 A 地区各地市级公司效能指数

单位名称	保障力		财力		发展力		运营力		竞争力		效能指数	
	效能得分	排名	效能得分	排名	效能得分	排名	效能得分	排名	效能得分	排名	综合得分	排名
B 市	16.70	3	23.12	2	13.38	4	21.63	1	16.93	2	91.76	1
C 市	17.46	1	21.89	3	13.14	6	20.75	3	17.82	1	91.07	2
D 市	17.28	2	23.41	1	13.13	7	19.73	4	16.75	3	90.31	3
E 市	15.92	6	19.82	6	13.64	3	21.33	2	15.90	4	86.61	4
F 市	15.76	7	21.18	4	12.82	9	19.57	5	14.92	8	84.25	5
G 市	15.51	9	20.51	5	13.08	8	18.43	9	15.43	6	82.97	6
H 市	15.70	8	17.13	8	14.95	1	19.36	7	15.27	7	82.40	7
I 市	15.97	5	17.97	7	13.65	2	19.03	8	14.84	9	81.46	8
J 市	16.09	4	16.35	9	13.32	5	19.44	6	15.84	5	81.04	9

（2）穿透分析。针对 F 市公司经营效能薄弱点（竞争力、发展力、保障力），通过动因分析及对标分析，逐一深入剖析定位问题根源。

1）竞争力分析。竞争力包含核心竞争指数、市场竞争指数和服务竞争指数三个方面。其中 F 市市场竞争指数在全地区排名比较靠后，进一步穿透到底层指标，通过图 5-6 各个指标对标分析结果，可定位到短板指标为市场占有率。结合业务实际考虑，F 市公司可加强与各级政府部门的信息沟通，了解经济发展需求，做好市场调研，紧跟政府规划，做好配套供电保障，提升市场占有率。

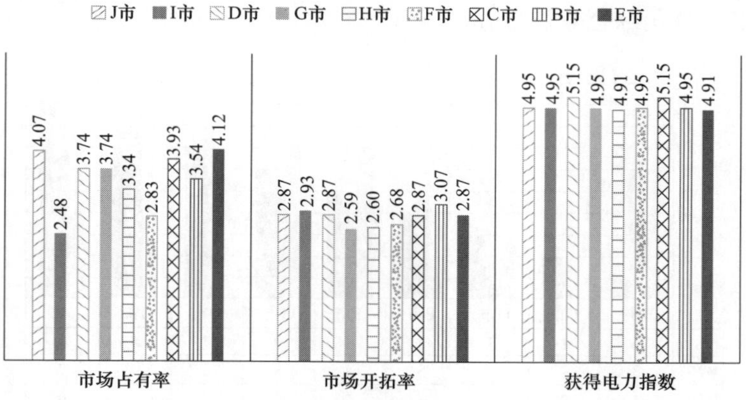

图 5-6　各地市级公司竞争力效能指标得分

2）保障力分析。保障力考虑安全可靠指数、社会保障指数和供电能力指数三个方面。其中F市安全可靠指数方面指标较弱，进一步穿透到底层指标，通过图5-7各个指标对标分析结果，可定位到短板指标为输电线路故障停运率和变电设备故障停运率。结合业务实际考虑，F市公司应加大检修设备及变电设备投入，预防电网安全隐患。

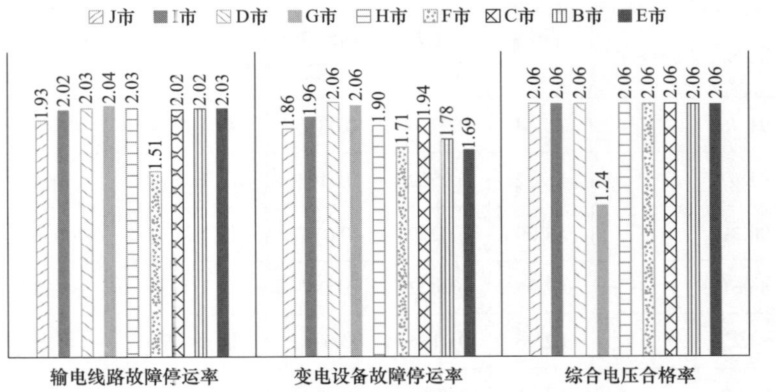

图5–7　各地市级公司保障力效能指标得分

3）发展力分析。发展力考虑创新动力指数和投资动力指数两个方面。其中F市创新动力指数方面指标较弱，进一步穿透到底层指标，通过图5-8各个指标对标分析结果，可定位到短板指标为电网智能化水平、研究与实验发展（R&D）经费投入强度和科技成果转化率。结合业务实际考虑，F市公司可优先加大科研和智能装备的投入，推进更多科研成果孵化、转化、产业化。

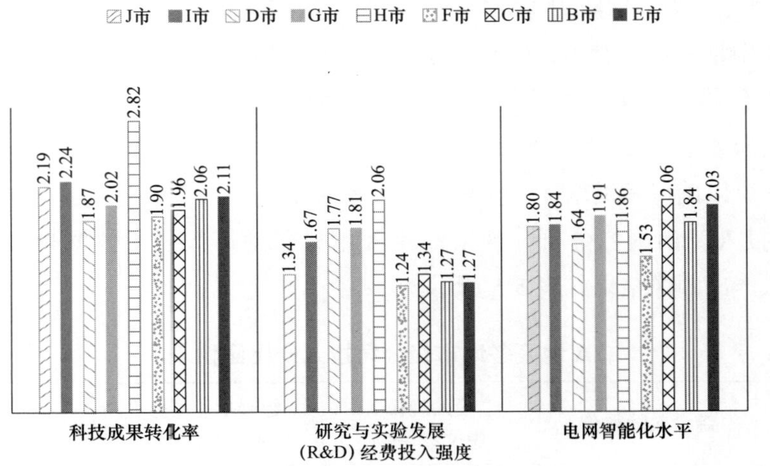

图5–8　各地市级公司发展力效能指标得分

（3）特征分析。

1）“五型”画像分析。现以 N 年 A 地区各地市级公司的综合效能得分为基础进行分析。“五型”画像结果如表 5-4 所示。

表 5-4　　A 地区各地市级公司“五型”画像表

单位名称	N 综合效能		N–1 综合效能	效能指数变化情况			五力均衡性	“五型”画像
	得分	排名		与去年变化率	与均值比较	发展速度		
B 市	91.76	1	85.64	0.0714	0.0315	高于均速	均衡	优质型
C 市	91.07	2	86.72	0.0502	0.0103	高于均速	均衡	优质型
D 市	90.31	3	88.09	0.0252	–0.0147	低于均速	不均衡	发展型
E 市	86.61	4	82.95	0.0442	0.0043	高于均速	不均衡	发展型
F 市	84.25	5	82.96	0.0156	–0.0243	低于均速	不均衡	稳定型
G 市	82.97	6	80.11	0.0357	–0.0042	低于均速	不均衡	稳定型
H 市	82.40	7	78.50	0.0497	0.0098	高于均速	不均衡	潜力型
I 市	81.46	8	78.17	0.0422	0.0023	高于均速	不均衡	潜力型
J 市	81.04	9	79.07	0.0249	–0.015	低于均速	不均衡	缓慢型

如表 5-4 所示 F 市公司为稳定型，原因是其效能得分处于中位且发展速度低于全地区平均速度。结合总体情况的五力分析，F 市公司的五力方面存在三方面（发展力、竞争力、保障力）的短板，短时间内向优质型（五力均衡不存在短板）转变存在困难。可以看出，F 市公司在综合实力上与 E 市公司接近，但效能增速低于 E 市公司，可加大短板中较易提升的方面［科技成果转化率、市场开拓率、研究与实验发展（R&D）经费投入强度］的投入，一方面可以改善经营薄弱点，另一方面可以确保发展增速，实现向发展型转型。

2）投入产出画像分析。现以 N 年 A 地区各地市级公司数据为基础进行分析，投入产出画像结果如表 5-5 所示。

表 5-5　　A 地区各地市级公司投入产出画像表

单位名称	综合效能得分	投入规模中位数评级	综合效能得分中位数评级	类型
B 市	91.76	高	高	高投入高效能

续表

单位名称	综合效能得分	投入规模中位数评级	综合效能得分中位数评级	类型
C 市	91.07	高	高	高投入高效能
D 市	90.31	中	高	中投入高效能
E 市	86.61	中	中	中投入中效能
F 市	84.25	中	中	中投入中效能
G 市	82.97	中	中	中投入中效能
H 市	82.40	中	中	中投入中效能
I 市	81.46	中	低	中投入低效能
J 市	81.04	中	低	中投入低效能

如表 5-5 所示，F 市公司属于中投入中效能，因其投入在全地区属于中等水平，综合效能也属于中等水平。与 D 市公司相比，两者都属于中投入，但综合效能得分相差 6.06 分，说明在资源分配上 F 市公司还有待提高，结合穿透分析，F 市公司应着重改善科技成果转化率、市场开拓率、研究与实验发展（R&D）经费投入强度等方面，从而实现向中投入高效能转型。

二、县级公司应用案例

通过对 A 地区 F 市公司进行综合分析，发现发展力、竞争力、保障力这三个方面较为薄弱，为了精准定位到问题根源，可利用效能评估辅助平台进行纵向穿透，对 F 市公司管辖范围内的各县级公司的综合效能情况做进一步分析，确保准确定位经营薄弱点，通过差异化资源配置，优化投资结构，实现最优经营效能点。

1. 评估结果

通过投入产出经营效能评估模型的解算，可以得到各区县级公司指标得分和综合效能得分情况，各指标的得分如表 5-6 所示。

表 5-6　　评估指标得分

序号	指标	N 年指标得分									
		F-01	F-02	F-03	F-04	F-05	F-06	F-07	F-08	F-09	F-10
1	市场占有率增量空间占比	3.77	3.67	3.81	3.82	3.81	3.82	3.82	3.75	3.82	2.47
2	电网智能化水平	4.12	4.12	4.12	4.12	4.12	4.12	4.12	4.12	4.12	4.12
…	……										
9	全员劳动生产率	1.98	2.98	2.27	2.23	1.98	2.32	3.09	2.37	2.13	1.85
10	度电成本	2.14	2.34	2.27	2.22	2.12	2.29	2.36	2.34	2.22	1.85
11	电网平均负载率	4.79	4.34	5.15	4.59	4.23	4.58	4.98	3.63	3.94	3.09
12	资产规模	2.55	2.45	2.78	2.27	2.64	2.54	3.09	2.14	2.36	1.85
13	市场占有率	3.98	3.77	2.93	4.02	4.04	3.45	2.89	2.55	3.82	3.53
14	市场开拓率	3.09	3.09	3.09	1.85	3.09	3.09	3.09	3.09	3.09	3.09
15	获得电力指数	5.15	5.15	5.15	3.09	3.09	3.09	3.09	3.09	5.15	5.15

续表

序号	指标	N 年指标得分									
		F–01	F–02	F–03	F–04	F–05	F–06	F–07	F–08	F–09	F–10
16	资产周转率	2.64	3.52	3.71	3.09	2.54	2.89	3.88	3.29	3.13	2.53
…	……										
30	变电设备故障停运率	1.77	1.85	1.24	1.63	1.42	1.65	1.92	1.91	1.75	2.06

2. 评估结果分析

对 10 家县级公司的优劣，很难从表 5-6 评价指标得分中直接看出来，因此，借助效能评估辅助平台的分析功能，首先对各公司的经营总体情况进行分析，选取典型公司，再进行进一步的穿透分析和特征分析，并针对问题，结合实际情况，提供改善建议。

（1）总体情况。近三年 F 市的各县级公司综合效能得分排名趋势变化如图 5-9 所示：F-02 县级公司综合效能得分一直维持在较高水准，都位于全地区前二；F-01 、F-03、F-07、F-09 县级公司效能得分排名呈波动上升趋势，且变化幅度较大；F-04、F-06、F-08 县级公司效能得分整体排名呈下滑趋势，且变化幅度较大；F-10 和 F-05 县级公司综合效能得分一直位于较低水平。本章以 F-10 县级公司为例，通过穿透分析、特征分析找出原因并采取提出改善建议，提升综合效能。

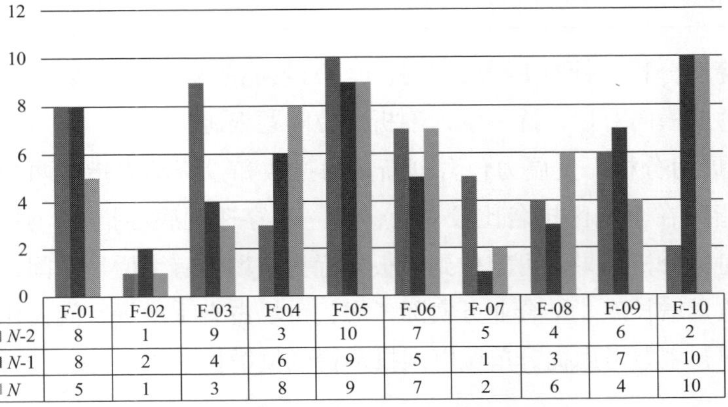

	F-01	F-02	F-03	F-04	F-05	F-06	F-07	F-08	F-09	F-10
N-2	8	1	9	3	10	7	5	4	6	2
N-1	8	2	4	6	9	5	1	3	7	10
N	5	1	3	8	9	7	2	6	4	10

图 5–9　F 市各县级公司综合效能得分排名

从保障力、财力、发展力、运营力、竞争力等五个方面对 F 市各区县级公司的效能评估结果进行分析，如表 5-7 所示，*N* 年效能指数最高的是 F-02 县级公司，其次是 F-07、F-03 县级公司；*N* 年效能指数排名靠后的是 F-05 和 F-10 县级公司。F 市公司的发展力较为薄弱的区域是 F-10 县级公司，直接影响 F 市公司综合效能得分，需要对 F-10 县级公司做出进一步综合分析。

表 5–7　　　　*N* 年 F 市各区县级公司效能得分

单位名称	保障力		财力		发展力		运营力		竞争力		效能指数	
	效能得分	排名	效能得分	排名	效能得分	排名	效能得分	排名	效能得分	排名	综合得分	排名
F–02	16.82	2	23.21	2	13.12	9	21.05	2	16.55	2	91.43	1
F–07	16.91	1	23.77	1	13.44	5	21.39	1	13.47	6	90.44	2
F–03	15.34	9	21.43	4	13.52	2	20.12	3	13.74	4	86.96	3
F–09	15.76	8	20.73	5	13.38	8	20.02	6	16.40	3	86.81	4
F–01	16.36	4	18.52	8	13.38	7	20.09	4	17.23	1	85.79	5
F–08	16.37	3	21.46	3	13.41	6	19.45	7	16.92	10	84.16	6
F–06	15.79	7	20.58	6	13.44	4	18.71	8	14.93	7	83.29	7
F–04	15.79	6	20.00	7	13.53	1	20.08	5	14.77	9	83.13	8
F–05	15.08	10	16.73	9	13.49	3	18.55	9	14.78	8	78.61	9
F–10	16.10	5	14.90	10	11.68	10	15.69	10	15.92	5	74.76	10

（2）穿透分析。针对 F-10 县级公司经营效能薄弱点（发展力、运营力），通过数据穿透及横向对标，逐一深入剖析定位问题根源。

1）发展力分析。发展力包含创新动力指数和投资动力指数两个方面，其中投资动力指数在全地区排名比较靠后，进一步穿透到底层指标，通过图 5-10 的各个指标对标分析结果，可定位到短板指标为市场占有率增量空间占比和单位电网投资售电量增长率。结合业务实际考虑，市场占有率增量空间占比指标提升空间较为有限，主要考虑提升单位电网投资售电量增长率。

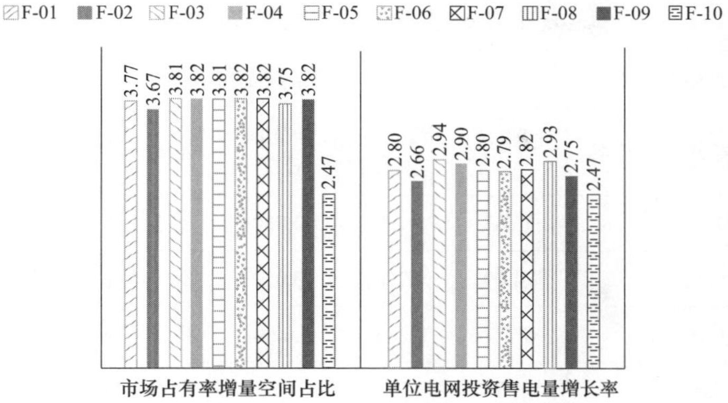

图 5-10　F 市各县级公司发展力指标得分

2）运营力分析。运营力包含资产运营指数、成本管理指数和人力运营能力指数三个方面。其中资产运营指数在全地区排名比较靠后，进一步穿透到底层指标，通过图 5-11 的各个指标对标分析结果，可定位到短板指标为有效资产转化率和电网平均负载率。结合业务实际考虑，针对有效资产转化率，F-10 县级公司可采取措施加快竣工项目决算转资，确保新投产改、扩建输变电及配网技改类工程在规定时限内完成决算，进行提升工程项目转资效率。

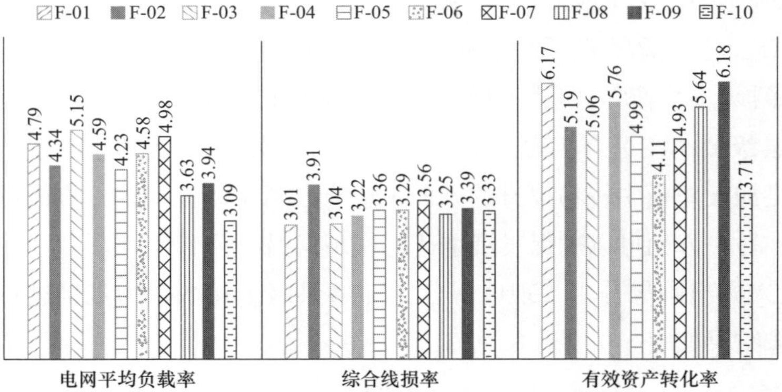

图 5-11　F 市各县级公司运营力指标得分

（3）特征分析。

1）“五型”画像分析。现以 *N* 年 F 市各区县级公司的综合效能得分为基础进行分析。“五型”画像结果如表 5-8 所示。

表 5-8　　F 市各区县级公司“五型”画像

单位名称	N 效能指数		N-1 效能指数	效能指数变化情况			五力均衡性	“五型”画像
	得分	排名		与去年变化率	与均值比较	发展速度		
F-02	91.43	1	72.63	0.2589	-0.0008	低于均速	不均衡	发展型
F-07	90.44	2	74.09	0.2206	-0.0391	低于均速	均衡	优质型
F-03	86.96	3	67.77	0.2831	0.0234	高于均速	不均衡	发展型
F-09	86.81	4	66.38	0.3077	0.0481	高于均速	不均衡	发展型
F-01	85.79	5	64.84	0.3231	0.0634	高于均速	不均衡	发展型
F-08	84.16	6	68.98	0.2200	-0.0397	低于均速	不均衡	稳定型
F-06	83.29	7	67.28	0.2380	-0.0216	低于均速	不均衡	缓慢型
F-04	83.13	8	66.78	0.2448	-0.0148	低于均速	不均衡	缓慢型
F-05	78.61	9	61.87	0.2706	0.0109	高于均速	不均衡	潜力型
F-10	74.76	10	60.79	0.2299	-0.0298	低于均速	不均衡	缓慢型

如表 5-8 所示，F-10 县级公司为缓慢型，原因是其综合效能排位靠后且发展速度慢。结合总体情况的五力分析，F-10 县级公司的五力方面存在发展力和运营力上的短板，短时间内向稳定型（效能得分处于中位）转变存在困难。可以看出，F-10 县级公司在综合实力上与 F-05 县级公司接近，但效能增速低于 F-05 县级公司，可加大短板中较易提升的方面（资产运营）的投入，一方面可以改善经营薄弱点，另一方面可以确保发展增速，实现向潜力型转型。

2）投入产出画像分析。现以 N 年 F 市各县级公司数据为基础进行分析，投入产出画像结果如表 5-9 所示。

表 5-9　　F 市各县级公司投入产出画像表

单位名称	能效指数得分	投入规模中位数评级	能效指数中位数评级	类型
F-02	91.43	中	高	中投入高效能
F-07	90.44	高	高	高投入高效能
F-03	86.96	高	中	高投入中效能
F-09	86.81	中	中	中投入中效能
F-01	85.79	中	中	中投入中效能

续表

单位名称	能效指数得分	投入规模中位数评级	能效指数中位数评级	类型
F-08	84.16	中	中	中投入中效能
F-06	83.29	中	中	中投入中效能
F-04	83.13	中	中	中投入中效能
F-05	78.61	中	低	中投入低效能
F-10	74.76	低	低	低投入低效能

如表 5-9 所示，F-10 县级公司属于低投入低效能，因其投入在全地区属于低等水平，综合效能也属于低等水平。结合总体情况分析，F-10 县级公司经营基础存在较大提升空间，仅依靠加大投入也无法提升整体效能水平。结合穿透分析，F-10 县级公司在资产运营等方面存在问题，应着重考虑在资产利用率上的提升，将有限的资源发挥最大的作用，从而实现向低投入中效能转型。

三、供电所层级典型应用案例

通过对 F 市公司各县级公司进行深度分析，已基本定位 F-10 县级公司是 F 市多项效能指标短板的根源，进一步对 F-10 县级公司管辖范围内的供电所开展综合效能情况分析。从县级公司层级下沉到供电所层级进行剖析，可以引导资源投入更精细，更准确。

1. 评估结果

通过投入产出经营效能评估模型的解算，可以得到各供电所指标得分和综合效能得分情况，各指标得分如表 5-10 所示。

表 5-10　评估指标得分

序号	指标	*N* 年指标得分						
		F-10-01	F-10-02	F-10-03	F-10-04	F-10-05	F-10-06	F-10-07
1	万元资产售电收入	4.82	4.81	4.84	4.81	4.8	4.81	4.8
…	……							
3	停电管控率	11.91	11.92	11.88	11.79	11.85	11.89	11.9

续表

序号	指标	N 年指标得分						
		F-10-01	F-10-02	F-10-03	F-10-04	F-10-05	F-10-06	F-10-07
4	售电量增长率	5.38	5.38	5.41	5.44	5.07	5.6	5.96
5	线损合格率	13	13	13	13	13	13	12
6	频繁故障停电台区占比	14.8	15	15	15	10.05	15	15
…	……							
10	客户满意率	9.85	9.85	10	9.97	9.76	9.75	10

2. 评估结果分析

本章首先对 F-10 县级公司范围内的各供电所的经营总体情况进行分析，选取典型供电所，再进行穿透分析和特征分析，挖掘问题根源，并针对问题，结合实际情况，提供改善建议。

（1）总体情况。从保障力、财力、发展力、运营力、竞争力等五个方面对各供电所的效能评估结果进行分析，*N* 年效能指数排名靠前的是 F-10-01、F-10-03 供电所，F-10-01 供电所的财力和运营力靠前，因此效能指数排名靠前；*N* 年效能指数排名靠后的是 F-10-05 供电所，除了运营力，其他各指数均排名垫底，因此综合指数最低。下面以 F-10-05 供电所为例，通过穿透分析、特征分析找出原因并提出改善建议，提升综合效能。F-10 区县的各供电所的效能指数如表 5-11 所示。

表 5-11　　F-10 区县的各供电所的效能指数

单位名称	保障力		财力		发展力		运营力		竞争力		效能指数	
	效能得分	排名	效能得分	排名	效能得分	排名	效能得分	排名	效能得分	排名	综合得分	排名
F-10-01	26.71	6	13.12	1	13.38	6	21.00	1	14.67	4	88.89	1
F-10-03	26.88	4	12.29	2	13.41	4	21.00	1	14.84	1	88.42	2
F-10-02	26.92	1	11.72	3	13.38	5	21.00	1	14.66	5	87.68	3
F-10-07	26.90	2	11.00	6	13.96	1	21.00	1	14.80	2	87.67	4

续表

单位名称	保障力		财力		发展力		运营力		竞争力		效能指数	
	效能得分	排名	效能得分	排名	效能得分	排名	效能得分	排名	效能得分	排名	综合得分	排名
F-10-06	26.89	3	11.48	4	13.60	2	21.00	1	14.56	7	87.53	5
F-10-04	26.79	5	11.28	5	13.44	3	21.00	1	14.78	3	87.28	6
F-10-05	21.90	7	10.99	7	13.07	7	21.00	1	14.56	6	81.52	7

（2）穿透分析。针对F-10-05供电所经营效能薄弱点（发展力、保障力），通过数据穿透及横向对标，逐一深入剖析定位问题根源。

1）发展力分析。F-10-05供电所发展力整体得分13.07，在F-10县级公司中排名第七名。发展力包含售电量增长率和市场开拓率两个指标，其中售电量增长率在F-10区县排名靠后。

如表5-10所示，F-10-05供电所售电量增长率得分为5.07，处于F-10区县排名第七名。售电量增长率较慢会影响供电所发展潜力。F-10-05供电所应重点大力增供扩销，确保售电增量。

2）保障力分析。F-10-05供电所保障力整体得分21.9，F-10区县排名第七名。发展力包含停电管控率和频繁故障停电台区占比两个指标，均属于F-10区县排名靠后。

F-10-05供电所停电管控率和频繁故障停电台区占比得分分别为11.85和10.05，都处于F-10区县排名第七名。设备质量和日常维护都影响电网运营能力，F-10-05供电所应提高设备质量，加强设备日常维护，保障电网运营能力。

（3）特征分析。

1）“五型”画像分析。现以N年F-10县级公司各供电所的综合效能得分为基础进行分析。“五型”画像结果如表5-12所示。

表5-12　F-10区县的各供电所“五型”画像

单位名称	N效能指数		N-1效能指数	效能指数变化情况			五力均衡性	“五型”画像
	得分	排名		与去年变化率	与均值比较	发展速度		
F-10-01	88.89	1	57.62	0.5426	0.1056	高于均速	不均衡	发展型
F-10-03	88.42	2	57.83	0.5289	0.0109	高于均速	不均衡	发展型
F-10-02	87.68	3	58.00	0.5118	-0.1052	低于均速	不均衡	稳定型

续表

单位名称	N 效能指数		N–1 效能指数	效能指数变化情况			五力均衡性	“五型”画像
	得分	排名		与去年变化率	与均值比较	发展速度		
F–10–07	87.67	4	56.86	0.5420	0.1050	低于均速	不均衡	稳定型
F–10–06	87.53	5	57.20	0.5302	0.0031	低于均速	不均衡	稳定型
F–10–04	87.28	6	57.26	0.5243	–0.0027	低于均速	不均衡	稳定型
F–10–05	81.52	7	54.10	0.5092	–0.1078	低于均速	不均衡	缓慢型

如表 5-12 所示 F-10-05 供电所为缓慢型，原因是其综合效能排位靠后且发展速度慢。结合总体情况分析，F-10-05 供电所除了运营力，其他方面在 F-10 地区都相对较差，同时发展增速低于均速，且与 F-10-04 供电所存在较大差距，表明 F-10-05 的经营基础较为薄弱。对于该类型的供电所，建议主要投入方向为保障性相关方面，实现向稳定型转变。

2）投入产出画像分析。现以 *N* 年 F-10 县级公司各供电所数据为基础进行分析，投入产出画像结果如表 5-13 所示。

表 5–13　　F–10 区县各供电所投入产出画像

单位名称	能效指数得分	投入规模中位数评级	能效指数中位数评级	类型
F–10–01	88.89	中	中	中投入中效能
F–10–03	88.42	中	中	中投入中效能
F–10–02	87.68	高	中	高投入中效能
F–10–07	87.67	中	中	中投入中效能
F–10–06	87.53	中	中	中投入中效能
F–10–04	87.28	中	中	中投入中效能
F–10–05	81.52	中	低	中投入低效能

如表 5-13 所示，F-10-05 供电所属于中投入低效能，因其投入在全地区属于中等水平，综合效能却属于低等水平，说明 F-10-05 仅依靠加大投入，无法提升总体效能水平。结合穿透分析，F-10-05 供电所应当优化资源分配，改善投资结构，增加保障性投入，降低设备故障率，从而提高综合效能，实现向中投入中效能转变。

第六章　电网企业内部模拟市场体系构建理念、方法及应用

第一节　内部模拟市场概述

一、内部模拟市场的内涵

1. 企业与市场

长期以来，经济理论界倾向于把企业和市场看成两种截然不同的资源配置方式：企业通过权威组织生产，市场利用价格进行交易，并且两者内部配置机制都是单一的，即企业作为一种科层（Hierarchy）通常不包括平行的市场机制；而市场作为一种平行的交易机制也不兼容有等级的权威关系。企业与市场既是替代关系，也是互补关系。

科斯（Ronald Harry Coase）最早在 1937 年阐述了企业的本质，他在《企业的本质》中利用交易成本分析企业与市场的关系，他认为企业和市场是替代关系，是资源配置的两种可互相替代的手段，是企业的权威机制与市场机制的相互替代。在市场上，资源的配置由价格机制调节；在企业内，资源的配置则通过企业行政管理手段协调完成。从资源配置的效率出发，为了节约交易成本，有些交易通过市场完成，有些交易在企业内完成，选择在哪里完成，依赖于市场定价的成本与企业的组织成本之间的平衡关系。当市场交易成本高于内部边际成本时，这部分活动将通过企业内部运营"内部化"，降低交易成本；当企业内部边际成本大于市场交易成本，企业将要分裂成多个小的企业，减少内部交易成本，否则将逐步被社会淘汰。

"古典经济学的捍卫者"德姆塞茨（Harold Demsetz）认为企业和市场是互补关系的，他在《理论中的企业：定义与存在》提出：用权威机制来定义企业是不恰当的，因为权威机制并不是企业所特有的，市场交易也可能包含了有意识的管理；企业与市场的功能是完全不同的，企业是市场的参与主体，企业与市场不只是单纯的替代性关系；企业是一个团队生产组织，企业与市场的区别不在于企业组织利用了权威等非市场机制从而节约了交易费用，而在于企业生产对市场协调

生产的优势，即企业团队的协作生产力，企业与市场是正相关的互补关系，而不是负相关的替代关系。

2. 内部模拟市场定义

美国麻省理工学院的弗雷斯特（Forrester）教授发表《一种新的企业设计》，在文中首次提出“内部市场”的理论构想，认为“内部市场”是一种与传统理念截然不同的“自由企业范式”，理想的企业管理模式应该具有市场特征。英国雷丁大学学者巴克利（Peter. J. Buckley）、卡森（Mark Casson）等学者，沿用了科斯的经济学理论，于1976年在《跨国公司的未来（The Future of Multinational Enterprise）》一书中提出了内部化理论，其核心思想是：由于市场的不完全，若将企业所拥有的中间产品通过外部市场来组织交易，难以保证企业实现利润最大化目标；若企业建立内部市场，可利用企业管理手段协调企业内部资源的配置，避免市场不完全竞争对企业经营效率的影响，其结果是用企业内部的管理机制代替外部市场机制，以便降低交易成本，拥有跨国经营的内部化优势。拉格曼（A.M.Rugman）认为企业内部模拟市场化是指“将市场建立在公司内部过程，使它能够像固定的外部市场一样有效地发挥作用”。彼德斯（Peters）指出企业内部模拟市场化就是“让市场原则，进入企业的每一个角落”，以便实现“看不见的手”与“看得见的手”在企业组织中相握。

内部模拟市场（Internal Simulated Market）理念源于西方经济学，学者对内部模拟市场组织形式、基本定义无统一的说法，但是各学者对企业建立内部模拟市场的目的具有高度认同感：内部模拟市场是以交易成本、价值链、责任会计等理论为依据，将市场建立在公司内部过程，使它能够像固定的外部市场一样有效地发挥作用。将市场机制引入企业内部，在企业内部员工、内部机构之间形成一种市场契约关系，通过经济活动而形成市场，使企业管理摆脱传统的行政管理体系，转而成为行政管理与经济关系相结合的管理方法，使企业员工之间、内部机构之间的协作和管理关系转变为等价交换的经济往来关系。内部模拟市场将各级组织之间的交易对象模拟成各类市场交易主体，模拟测算各级组织的利润，将企业内部无偿支撑服务模拟为有偿服务，提供服务的单位（部门）确认收入，接受服务的单位（部门）确认成本，全面衡量各级组织和员工的投入产出和价值贡献，还原各组织经济实体职责，激励其强化市场意识、提高管理效率、增强经营活力，逐步实现企业内部市场与外部市场接轨。内部模拟市场内涵见图6-1。

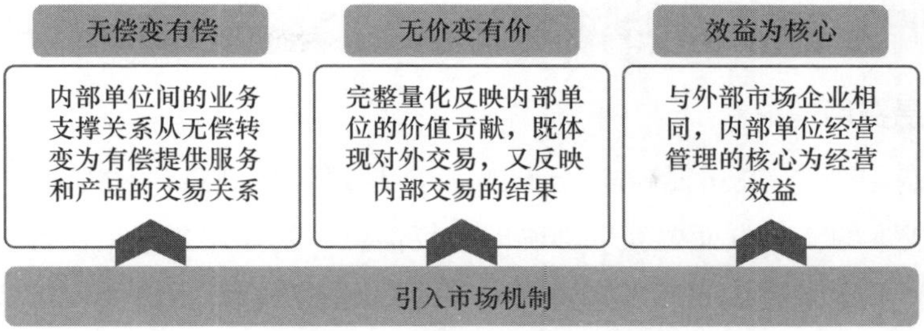

图 6–1　内部模拟市场内涵

3. 内部模拟市场核心要素

内部模拟市场主要构成要素包括市场交易主体、市场交易对象、市场交易价格和市场交易规则。

（1）市场交易主体。市场交易主体是内部模拟市场形成的前提，将企业可进行交易的组织或个人根据内部供需关系模拟成供应商和客户。内部模拟供应商可以理解为具备制造产品或者能够提供信息咨询、技术服务等劳务的组织或个人；内部模拟客户是对产品、信息咨询或技术服务有需求的组织或个人。企业内部上下游关系的业务部门、职能部门等存在供需关系的都可纳入内部模拟市场作为交易主体。

（2）市场交易对象。市场交易对象可以是模拟供应商提供的有形产品，也可以是无形的劳务付出，产品类的交易对象一般为企业内部上游为下游提供的材料或者半成品；劳务一般为支撑单位为对外经营的部门提供的管理咨询、技术服务等。根据企业内部单位之间的关系、个人与单位的关系合理梳理交易对象，以保证个人、单位在企业中的核心贡献。

（3）市场交易价格。市场交易价格又称为内部转移价格，是内部模拟市场运行的枢纽，是模拟供应商提供交易对象价值的衡量，直接影响了交易主体的经济利益，因此需采用科学的方法核定交易对象的交易价格。主流的交易价格核定方法包括直接取用外部市场价格、参照外部市场价格、标准成本定价、定额定价等。

（4）市场交易规则。市场交易规则是内部模拟市场稳定运行、长久生命力的保证，市场交易规则包括结算规则、考核规则。制定市场交易规则首先考虑企业管理导向，合理设置内部模拟市场考核指标体系，这是内部模拟市场建设初衷，其次考虑企业各单位、个人价值实现，通过规范和协同各部门的交易对象，实现公司整体的经济效益。

二、内部模拟市场的理论基础

1. 交易费用理论

交易费用理论 (Transaction Cost Theory) 是现代产权理论的基础，科斯认为交易是有成本的，一方面要获取准确的市场信息，企业需要付出代价；另一方面市场主体为了克服交易冲突需要谈判、缔约并诉诸法律等，需要支付费用。市场交易的成本理论就是企业的本质，企业是用来替代价格机制的，由于存在有限理性、机会主义、不确定性与小数目条件，使得市场交易费用高昂。为节约交易成本，企业作为代替市场的新型交易形式应运而生。如果没有企业制度，每个要素所有者都要直接参与市场交易，那么交易规模巨大，交易摩擦随之增加，交易费用也随之变高。企业产生的原因是企业组织劳动分工的交易费用低于市场组织劳动分工的费用，建立企业能够运用某些权力及关系，调节或掌控生产资源，并且节约了大量成本，将交易成本降到最低，同时增加各个企业的利润。科斯把交易费用归因于组织、协调等成本，一方面企业作为一种交易形式，可以把若干个生产要素的所有者和产品的所有者组成一个单位参加市场交易，从而减少了交易者的数目和交易中摩擦，因而降低了交易成本；另一方面，在企业边界内权力取代了市场自治、计划机制，伴随着市场交易的复杂结构被企业管理所替代。

科斯指出交易费用包括进行谈判、讨价还价、拟定契约、实施监督来保障契约按要求履行等成本费用；威廉姆森认为交易费用可以分为事前和事后两部分，包含签约、谈判、保障契约等事前交易成本，不适应成本、讨价还价成本、建设和运转成本等事后交易成本；张五常[1]认为交易费用包括识别、考核与测度费用，以及讨价还价与使用仲裁机构的费用等。虽然不同学者指出的交易费用具体构成不同，但本质上都是交易发生时伴随整个交易过程所发生的全部费用，包括搜寻信息的费用、达成合同的费用、签订合同的费用、监督合同履行的费用和违约后寻求赔偿的费用。

2. 波特价值链理论

波特价值链理论最早由哈佛大学商学院教授迈克尔·波特（M .E .Poter）于1985年提出，是对增加一个企业产品或服务的实用性或价值的一系列作业活动的描述，价值链在经济活动中是无处不在的，上下游关联的企业与企业之间存在

[1] 张五常：国际知名经济学家，现代新制度经济学和现代产权经济学创始人之一。

行业价值链，企业内部各业务单元的联系构成了企业的价值链，企业内部各业务单元之间也存在着价值链联结。价值链上的每一项价值活动都会对企业经营效益造成影响。

波特把企业价值增加的活动分为基本活动和支持性活动：基本活动涉及企业生产、销售、进料后勤、发货后勤及售后服务；支持性活动涉及人事、财务、计划、研究与开发、采购等。基本活动和支持性活动构成了企业的价值链（见图 6-2）。企业参与的价值活动并不是每个环节都能直接创造价值，实际上只有某些特定的价值活动才真正创造价值，能够真正创造价值的经营活动，就是价值链上的“战略环节”。企业要保持的竞争优势，实际上就是企业在价值链某些特定的战略环节上的优势。运用价值链的分析方法来确定核心竞争力，就是要求企业密切关注资源状态，要在价值链的关键环节上获得核心竞争力，以形成和巩固企业在行业内的竞争优势。企业的优势既可以来源于价值活动所涉及的市场范围的调整，也可来源于企业间协调或合用价值链所带来的最优化效益。

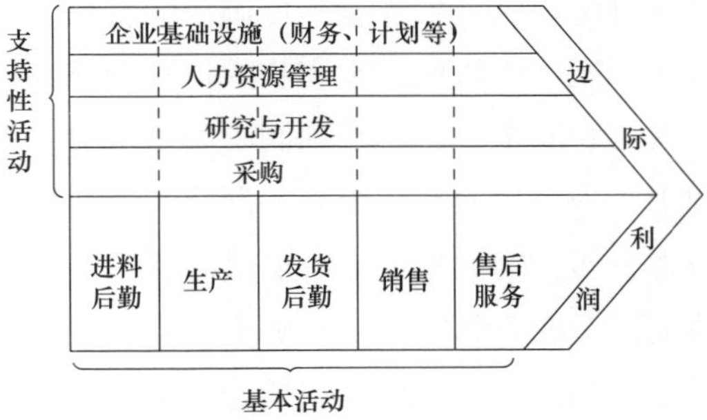

图 6-2 波特价值链理论

波特价值链理论是内部模拟市场交易主体划分的基本理论，内部模拟市场将市场机制引入企业管理之中，以价值链为基础、市场为导向，将企业各生产和服务环节的劳动成果商品化。将企业内部价值链上的主要生产及服务各环节的各单位（部门）视为若干相对独立的主体，各交易主体之间则形成等价交换的市场买卖关系。结合公司主营业务价值链中的定位，将各单位及部门划分为内部模拟市场交易主体。随着内部模拟市场的逐步实施，一个公司的生产经营活动必定需要各部门作为价值链的环节参与进来。为了达到增加效益的目的，将对以前一些无效的、毫无价值的活动进行有效的价值提升，从而做到降低消耗与成本，增加企业效益。

站在企业扩展的角度，价值链可分为内部价值链和企业外部价值链，这两者的融合便是内部模拟市场价值链。它具有双重属性，首先，作为一个独立经济主体的存在，企业内部价值链是内部模拟市场价值链，如果想达到整个价值链具有共同的价值趋势，就需要企业控制价值链的运作；其次，内部模拟市场是通过市场机制将企业内部资源进行有效配置，对内部模拟市场主体而言价值链又兼具外部价值链的特点，企业为了达到整体价值链中顾客价值最大化的目的，确保自身优势地位，就需要内部模拟市场各主体识别并保证自身在企业价值链中的地位。

3. 责任会计理论

责任会计是公司在采用分权管理情况下，将公司内各组织单元划分为若干责任中心，各责任中心进行独立的决策、预算、控制、核算和考评的一种内部管理方法。责任中心是各个部门根据其相应的管理权力承担与之相应的管理责任，并能记录和反映其执行情况的公司内部单元。

责任中心根据控制权限划分为成本中心、利润中心和投资中心。成本中心是指管理者只对成本负责的中心，且只对可控成本核算，而不对利润和投资进行核算，可控成本一般具有可预测、可计量、可调控的特征。利润中心是指既能产生成本，又能产生收入，还可以依据成本和收入得到利润的一种责任中心，具体分为自然利润中心和人为利润中心，自然利润中心是负责对外销售而获得真实收入的中心；人为利润中心是公司内部各中心（部门）的转移而获得内部销售收入的中心，其产品一般为中间产物。投资中心是最高层次的责任中心，对成本、利润、预算和投资效益负责，拥有制定价格、确定产品、生产方法等短期经营决策等权利。投资中心必然是利润中心，通常包括若干个利润中心，但是利润中心并不都是投资中心。

在责任会计实施过程中，公司为了分清每个责任中心应承担的责任，各中心之间可以相互提供中间产品或服务，应按照合理的内部转移价格进行计算，结算过程中使用的价格，叫做内部转移价格，就是上文中提到的交易价格。各中心具体可采用的内部转移价格办法主要有标准成本法、实际成本法、实际成本加成法、标准成本加成法、市场价格法、以市价为基础的协商价格法、双重价格法等。公司内部各责任中心之间模拟市场运作，采取某些特定的内部转移价格来交换产品，独立核算，就是在公司内部经营中引入市场化概念，按照市场经济客观规律并运用市场交易机制和市场化手法，构建交易平台，实行有偿交易，全方位组织公司内部化生产。经营生产以价格为导向，以精细化管理为前提，充分发挥市场这只“看不见的手”自发引导和激励的经营模式，其本质就是“把市场机制引入到公司的各个角落”，企业经营管理人员通过实施各种制度来管理企业，而不是直接的控制和指挥。

三、内部模拟市场的主要功能

内部模拟市场的功能是市场价格规律客观体现，通过构建科学高效、规范有序的内部模拟市场体系，在精细业务流程过程中引入市场和价值理念，全面客观反映各考核主体的投入产出和价值贡献，以内部模拟利润为主体，以促收入、控成本为手段，强化业务工作目标与财务业绩目标的协同融合，注重经营效益与业务效率的双提升，引导经营压力逐层、端对端有效传导，激发全体员工大力增供扩销为公司做贡献，促进各专业量入为出、科学安排项目投资，增强员工成本控制意识，降低“物耗”“人耗”。

1. 传递企业经营压力

将企业内部各单位视同为独立经营的企业进行管理，内部单位间的支撑活动从无偿转变为有偿，使内部各单位的价值贡献度得以全面和客观地反映。在此基础上，公司为内部各单位设定可跟踪的价值量化目标，包括收入目标、成本目标和利润目标，并与实际执行情况对比，进行经营结果分析、评价和考核，让内部各单位对自身资源消耗和价值经营能力有全面和清醒地认识，直面与独立市场主体相同的市场业绩压力。

2. 强化员工价值意识

建立以效率和效益为中心、以职工为中心的企业内部价值观，充分尊重市场机制与价值规律，尽可能地以利益驱动为管理方式，使各级单位从独立市场经营主体的角度去思考自身经营，将价值创造作为自身生存和发展的内在诉求，给予价值创造和效益提升工作充分的关注。

对于面向外部的经营性单位，能够真实反映其经营贡献，提高在经营过程中的成本意识和危机意识，促使其主动在复杂的经营环境中寻求提升自身效益的可持续发展之路。对于面向内部的支撑性单位，充分调动其工作积极性，主动提升支撑服务能力和服务质量，不断发掘、提升价值贡献水平。

3. 优化企业管理行为

（1）优化企业核算办法。内部模拟市场是对企业原有核算主体的进一步细化，是企业精细化管理的重要体现。内部市场化管理实施后，各部门之间、上下游工序之间是平等竞争、相互服务的关系，通过向各级市场主体下放经营自主权，划小核算单位，明确责权利主体，有利于减少推诿扯皮现象，促进各核算单位改进生产经营方式。

（2）规范企业运行规则。在内部模拟市场管理模式下，管理手段从行政为主、经济为辅向市场调控为主转变，企业管理者一方面通过行政手段对组织进行协调监督，确保企业战略目标与企业整体性、企业效益保持一致性；另一方面为防止部门利益损害整体利益和避免企业内各部门为争夺企业资源发生冲突，企业管理者按照企业整体战略要求，以企业整体利益最大化为标准，明确内部市场的交易规则。

（3）深化企业数字化转型。通过内部模拟市场信息系统建设，能够准确通畅地传递信息，增加信息透明度，避免信息传递过程中的失真与扭曲，从而提高决策的正确率，从整体上提高企业的经营效率，使企业精细化管理得到进一步的创新和深化。

四、大型企业实施内部模拟市场的典型做法

国内外大型企业内部模拟市场建设与运行已有较多的实践。在国外，京瓷集团、索尼公司、日本航空、美国杜邦、通用 IBM 等大型企业陆续实施内部市场化；国内邯郸钢铁最早开始内部模拟市场探索，为国内众多大型企业提供了邯郸模式。

（一）制造行业

1. 京瓷集团的“阿米巴”模式

“阿米巴”是从拉丁文翻译而来，它是一种单细胞生物，也被称作变形虫，这是因为它的外观就像装了水的气球，内部的组织液体可以向不同方向流动，形体变化不定。

“阿米巴”经营模式创始人稻盛和夫将小集体组织称为阿米巴，阿米巴经营模式就是指在企业中将整体划分为一个个小集体、小组织进行自我管理、自我经营，让每个阿米巴单元具备充分的自主经营权。比如，一个公司可以按照事业部或业务线划分多个小组织，再逐级向下按照职责部门划分一个个小集体，也可以根据临时性的项目即时成立一个小组织，等项目结束后可以解散。阿米巴单元不仅划分到部门，还精细到每位员工个人的管理，划分到职责部门的阿米巴仍需向下细分直至职能明晰界定到每个人，就像细胞裂变一样。

（1）阿米巴经营的主要目的：①培养具备经营者意识的领导者，在阿米巴内

部，设立全权负责经营的领导者，在运营阿米巴的过程中，逐步成长为具备经营者意识的领导人才；②建立与市场挂钩的部门核算制度，采用根据市场价格计算的部门独立核算制度，明确部门的价值创造；③全员参与经营，每个阿米巴分别制作经营计划，依靠全员智慧与协作完成经营目标。

（2）阿米巴经营模式有三个鲜明的特点：

1）每个小型组织就是一个微型利润中心，具备独立核算的功能，可以自负"盈亏"，每个阿米巴单元都会按期形成自身组织的损益表，反映经营情况。同时通过经营情况对各阿米巴进行考核与评价，考核指标主要为单位时间效益[1]。考评结果将直接与绩效挂钩，激发员工的主人翁意识，尤其是第一线的员工，使其发挥主观能动性，进而实现"全员参与经营"。

2）阿米巴之间需要内部交易，存在内部结算系统。在模拟经营的过程中，各阿米巴之间相互联动，可以进行内部交易，内部交易就要实行内部定价。内部定价的价格就是每个阿米巴的收入来源，可以很好的量化各级阿米巴的经济效益。

3）阿米巴具备灵活性，可以随时进行重组。阿米巴组织根据项目或生产活动临时组建，在项目或生产活动结束之后解散，特别适用于市场状况和业务情况多变的企业。阿米巴及时准确的重组、解散，有利于持续高效地实现企业内部管理循环。

2."模拟市场核算，实行成本否决"的邯钢模式

邯郸钢铁厂（邯钢）于1958年建成，是国内最早推行内部市场化的大型企业，为大量国企提供了邯钢经验。在此之前，邯钢长期实行计划经济管理模式。在这种体制下，二级厂（分厂）与市场之间没有联系，企业所采用的原料和产品价格都是上级人为确定的，成本采用计划经济管理模式的低进低出核算，定价方式与市场相脱节，因此二级厂（分厂）和职工压力不大，以致形成分厂报盈、总厂报亏的结果。

由于钢材市场疲软，原材料价格上涨，经营压力急剧增大，1991年开始推行"模拟市场核算，实行成本否决"为核心的企业内部管理体制改革，把市场机制引入企业内部经营管理，转换经营机制，将每一个产品的目标成本指标逐层分解到分厂、车间、班组、岗位和职工，使得厂内的每个环节都承担降低成

---

[1] 阿米巴的单位时间效益 =（提供产品或服务获得的收入—本阿米巴的直接或间接费用）/ 本阿米巴核算期内工作时间。

本的责任，使得职工真正地做到人人当家理财。经过 5 年的经营，钢产量翻了一倍以上，从一个普通地方中型钢铁企业跃居全国 11 家特大型钢铁企业的行列。“模拟市场核算，实行成本否决”模式可总结为“市场、倒推、否决、全员”八个字。

（1）市场。将市场引进企业内部，在不改变总厂统一管理模式下，将各分厂、车间、班组和个人等设置为市场主体，并将内部成本核算的原料、能源、备品备件、半成品等的价格一律改为市场价，按照市场价格开展生产与成本效益核算，以产品成本降低多少作为衡量各单位生产经营成果的标准。

（2）倒推。对长期计划经济体制下从前到后逐道工序核定成本的顺序结转法，改为倒推法，按照“亏损产品不亏损，盈利产品多盈利”的原则，以市场能够接受的产品价格为基础，从后往前，逐个剖析工序的潜在缺陷，通过与先进单位对比，找出差距，挖掘潜力，重新核定其目标成本。

（3）否决。将总厂下达的目标成本，逐级分解至分厂、车间、班组和个人，实行成本否决制度，按月考核，完不成成本指标的组织减免发放当月全额奖金，累计完成后，可以补发。把市场对企业的压力变成对内部各个环节和每个职工的压力，促使他们按市场导向决定厂内生产的资源配置。

（4）全员。将经营指标分解至分厂，各分厂再细化至班组、个人，层层分解落实到每一个职工。上至厂长下至每一位职工都得承担成本或费用指标，形成全员全过程的成本管理。使职工直接感受到市场经济的潮涨潮落，从而增强市场观念，关心市场，主动参加市场竞争。

（二）电信行业

1.“模拟公司制”索尼模式

盛田昭夫是日本索尼公司的创始人，被誉为“经营之圣”，为应对市场竞争加剧、自身缺乏活力、组织机构僵化、管理层级繁杂、经营机制不灵活等大企业通病，1994 年索尼公司开始实施“模拟公司制”，将集团主要业务划分为 8 个部分，每一项业务由一个相对独立且具有较大自主权的“公司”承担，“公司”负责人直接由索尼社长领导。“模拟公司制”的实施使“公司”之间关系更加明确。在事业部制的组织机构中，事业部之间的交易往往使用企业内部价格进行结算，当内部价格高于外部市场价格时，买方事业部呈现亏损状态，但并不影响买方对外销售，也有利于总部降低成本、改进经营管理。实施“模拟公司制”后，当企业内部价格高于市场价时，买方的“公司”可从外部市场采购材料和零部件，把市场竞争的机制和市场压力引入索尼内部，不拘泥于本企业的半成品、成品。

2.“划小核算单元”电信运行模式

在收入放缓、充分竞争且成本资源压力剧增的背景下，电信运营企业将内部模拟市场管理模式作为可持续发展战略，推行“划小核算单元”的电信内部模拟市场模式，通过内部市场的改革，将市场压力引入电信运营企业内部，以增强员工企业经营的效率意识。

电信运营企业从两个维度进行“划小核算单元”。一是经营单元划小，全面构建经营单元承包责任体系，通过市场化的选拔机制选任负责人，赋予责任人用人自主权、考核分配权及资源支配权；构建“收入＋利润”的考核体系，员工薪酬全额与考核结构挂钩。二是管理单元划小，管理单元划小包括支局划小、营业厅划小和网络投资划小，凡是下达收入预算的基础经营单元均纳入支局划小范围，要求划小到支局，不设支局的划小到区县公司；划小工作覆盖各级自营厅，落实单厅目标责任制，实现单厅能够计算盈亏，提升自营厅盈利能力；聚焦在规模大、利用率相对较低的有线接入网。把每个单元转变为独立的经营主体，从而充分调动管理者和员工的积极性、主动性、创造性，助推企业经营效益和价值持续提升。

3. 电力行业

电力行业的内部模拟市场建设第一次浪潮出现在 20 世纪末，各供电局模拟电力市场经营；第二次浪潮发生在 2015 年深化电力体制改制后，电网企业探索内部模拟市场在企业经营管理、效率效益的应用。

电网企业在 2002 年之前未实行厂网分离，企业管理模式为垂直垄断一体化，发电侧市场竞争尚未放开，存在经营意识不足、对市场行为认识不够深入等问题。为了提高企业经营效益，调动发电、供电企业转变机制，加强企业经营管理，在企业内部引入竞争机制，以电力为核心，发电企业、供电企业模拟成市场交易主体，交易价格采用目录电价，构建模拟电力市场机制。这项举措为电网企业 2002 年“厂网分离”企业改革提供良好的应对措施。

2015 年进一步深化电力体制改革，电网企业面临复杂的经济环境及严格监管的形式。以国家电网公司为代表的电网企业围绕央企提质增效专项行动，聚焦效率效益提升，将内部模拟市场机制引入企业经营管理中，积极探索内部模拟市场建设，深化全面预算绩效评价和业绩考核，通过精准评价内部各级组织的价值贡献，实施精准考核、有效激励，引导各层级、各专业更加注重强管理、比贡献、提质效。

第二节　电网企业内部模拟市场体系架构设计

一、内部模拟市场建设背景

电网企业为实现公司管理升级、落实精益管理工程，需要突出效率效益导向，强化开源节流、降本增效，管好盘活存量，发展做优增量，提高全要素生产率。大力推进管理质效提升、全面激发员工干事创业热情，是电网企业和电网新时代发展的重要前提。将经营压力有效传导到业务前端和经营管理的各个环节，“唤醒”各专业、各层级的增效创效意识，是落实电网企业新时代战略目标的重要保障。

某电网企业2018年启动内部模拟市场建设，按照“稳步推进、动态调整”原则，历经体系建设、贯通实施和融合提升三个阶段，基本构建形成“省、市、县、供电所全覆盖”和“权、责、利对等”内部模拟市场体系。为贯彻以价值创造引导员工工作方向、形成内部模拟竞争和外部压力传导的工作氛围，推进与三项制度改革联动，全面客观反映各市场主体的投入产出和价值贡献，将贡献、效益、薪酬紧密挂钩，实现“多劳多得、少劳少得”的量化激励，培养员工市场意识、竞争意识，电网企业持续深化内部模拟市场市场建设，迭代指标体系，创新核算模型，强化内部模拟市场应用，完善配套机制，推动公司高质量发展。

在内部模拟市场管理方式下，电网企业内部各个单位均被视为独立的经营单元。在核算体系中，各支撑单位除了本身的外部收支外，向供电单位提供的产品和服务，也看作为市场化交易，通过“买卖双方”的确认实现价值创造转换，改变以往无偿支撑服务为有偿提供，全口径反映各单位的经营效益。

二、内部模拟市场建设思路及原则

1. 建设思路

内部模拟市场建设坚持“引入市场交易要素，建立全业务价值链量化运行体系，完善激励约束机制”建设思路，具体包括以下四个要点，如图6-3所示。

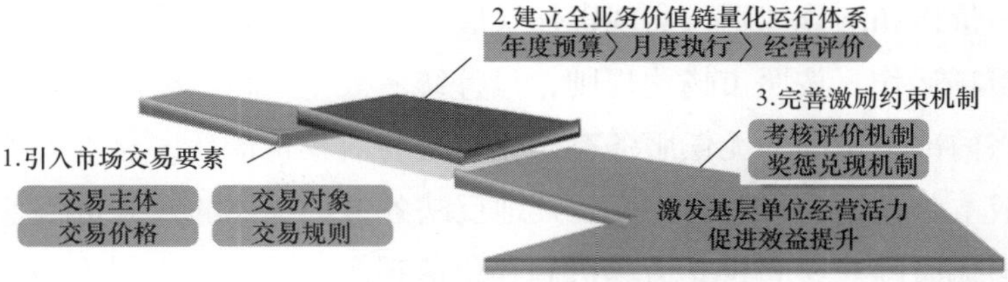

图 6-3　内部模拟市场建设思路

（1）全单位覆盖。将全省所有单位包括供电单位、直属单位纳入设计范围，按市场化业务梳理交易对象，将经营效益提升作为各主体单位绩效重点，按模拟利润变化纳入考核体系。

（2）全价值分解。各单位所有业务的投出产出全部进行价值量化，既涵盖外部市场销售收入、外部市场采购成本，又涵盖内部模拟市场销售收入、内部模拟市场采购成本，全口径真实反映价值贡献。将企业购电成本、电网输配电成本、支撑单位为电网提供的服务全部分解到供电单位，各单位向支撑保障单位购买服务实行市场化结算，公司财务费用按相关动因比例在全公司分解，各单位全口径反映收入、成本和利润，落实管理变革、经营效益、市场竞争的主体责任，进一步推进降损降本、增收增效。全价值分解后，全口径反映收入、成本、利润，使公司内部各个单位对自身的价格贡献具备更清醒和全面的认识。

（3）全市场运作。深入分析各类市场主体的业务特性，科学合理设置交易价格、效益确认方法、考核机制等市场规则，完全按照外部市场规则构建内部市场，完全按照外部市场交易方式处理各单位所有业务，完全按照市场化手段进行激励约束。

（4）全过程考核。合理设置内部模拟市场考核指标，对各单位的价值目标和业务目标同步考核，加大差异化考核力度，确定考核占比及兑现挂钩比例，推动各单位研究提升经营效益的主动性，推进贡献、效益、薪酬紧密挂钩，激发各级单位经营活力。

2. 建设原则

（1）战略引领。以内部模拟市场考核提升单位经营效益、队伍素质和发展质量，推动各单位提质增效，各项指标争先进位，确保各市场主体目标与公司总体发展目标相一致。

（2）分级分类。搭建覆盖省、市、县三级的内部模拟市场体系，以电网企业内部组织机构设置和职能划分为基础，划小考核单元，合理设置交易主体、交易对象、交易价格和结算规则，实现责任层层分解、压力层层传递。

（3）市场运作。按照市场化规则，设计统一公平、科学公正的交易价格和结算规则，将内部单位间的无偿服务有偿化、交易对象价值化，合理模拟每项服务或业务的成本收益，公平、公正、公开地反映各考核主体的效益贡献。

（4）强化激励。牢固树立市场机制和价值观念，将内部模拟市场考核结果与各单位、各部门的工资总额挂钩，实现价值量化到各级单位、责任分解到全员、考核激励到个人，更好激发各级单位和员工内生动力。

（5）稳步推进。按照“先易后难、循序渐进，试点先行、全面覆盖”的原则，逐步建立和完善内部模拟市场交易机制，不断丰富考核内容，优化内部交易规则，加大考核激励力度，确保内部模拟市场建设平稳有序推进。

三、内部模拟市场架构体系设计

内部模拟市场架构体系遵循以下三点原则。一是以市场要素为核心设计业务。市场交易要素包括交易主体、交易对象、交易价格和交易规则。二是以预算引领市场运行。应用市场要素量化电网全业务价值链，将价值管理纵向延伸到经营末端。优化预算管理模式，通过年度预算编制、季度执行、经营评价等方式支持市场运行全过程。三是以考核实现激励约束。通过配套的考核评价机制、兑现激励机制来创新内部模拟市场激励约束管理机制，激发各级单位经营活力，促进经济效益提升。内部模拟市场建设机制整体框架见图 6-4。

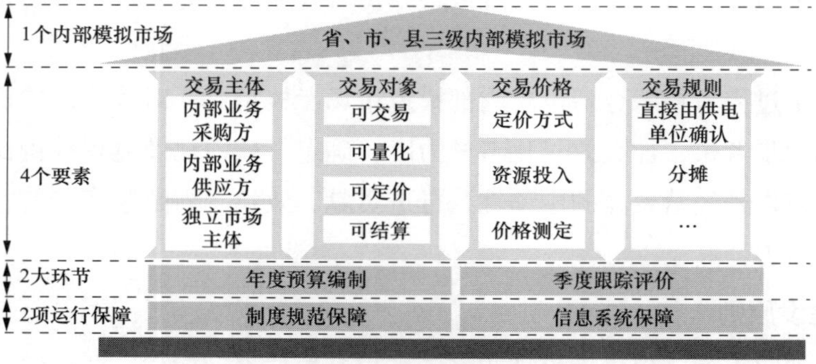

图 6-4　内部模拟市场建设机制整体框架

内部模拟市场纵向覆盖省、市、县、供电所（班组），横向贯穿供电单位、支撑单位；市场机制围绕“引入市场交易要素、明确价值量化方式”核心导向，开展市场交易主体设计、市场交易对象设计、市场交易价格设计、价值贡献交易规则设计等。

1. 按供需关系设计交易主体

根据公司组织架构，整体规划设计三级内部模拟市场架构，其中一级市场包括省级公司及地市级公司、直属支撑单位；二级市场包括县级供电公司、市属支撑单位、地市级部门；三级市场包括县属供电所、支撑班组及部门等（见图 6-5）。

（1）一级内部模拟市场。一级市场将公司所有单位置于市场环境考虑，分析各单位在电力行业价值链中的定位，明确价值链后端的需求方和前端的供应方，根据业务职能，将各单位划分为供电主体、支撑主体。

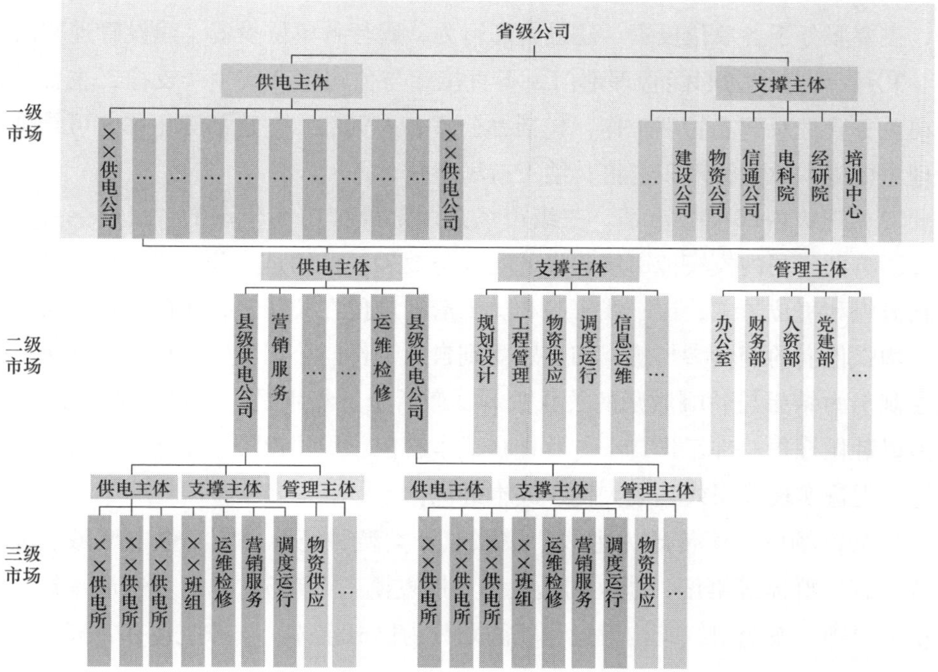

图 6-5　内部模拟市场主体划分

1）供电主体。主要服务于外部用电客户，一方面从外部采购电量并向用户售电，同时向外部供应商采购各类物资及服务；另一方面向内部支撑单位采购技术、劳务等服务。

2）支撑主体。主要服务于内部供电单位和省级公司，部分支撑单位也同时服务外部市场，向外部供应商采购各类物资与服务。

（2）二级内部模拟市场。二级市场可分为供电公司和直属单位，其中供电公司业务具有较大同质性，可依据业务主线，将供电公司内设机构划分为供电主体、支撑主体和管理主体三大类。直属单位业务、机构差异较大，需根据业务线条差异化确定交易主体。以下以供电公司为例详述二级模拟市场划分。

1）供电主体是承担向客户提供购售电业务及输配电业务的机构，与电力销售及电网运维直接关联，包括供电公司、供电所、营销服务及设备运维检修专业部门等。

2）支撑主体是向供电主体提供业务支撑的业务机构，为公司生产管理部门提供物资、技术、服务支撑，分为业务型支撑主体和投资型支撑主体。其中业务型支撑主体包括物资供应、综合服务、信息运维等专业部门等，服务于供电主体，提供服务和保障业务；投资型支撑主体包括经济技术研究所、项目管理中心等，主要服务于各单位投资、建设管理行为，履行各单位投资、建设管理职能。

3）管理主体为职能管理部门，不直接参与公司生产或生产支撑，主要承担公司业务管理及职能管理工作，包括办公室、人资部、党建部等主体，可结合各管理主体成本效益管理职责将其纳入市场考核。

（3）三级内部模拟市场。三级市场是内部模拟市场建设的“最后一公里”，直接影响到公司内模模拟市场建设的实施与效果，目的是将公司经营压力切实传递到班组和每位员工，让一线班组和员工清晰定位在公司经营中的角色和价值贡献，增强他们的经营参与感，切实感受到自己工作与公司经营目标息息相关；强化主观努力结果与薪酬激励的关联机制，激活全员特别是一线员工的内生动力，全力以赴做好每一件工作，千方百计在成本管控、稳住市场、服务客户方面持续改进，促进实现公司效益最大化、成本最优化。

三级市场以价值传导为主线，按照业务类型、经营规模、供电区域、人员配置、客户群体等维度，建立同类主体“朋友圈”，市场主体划分遵从一级、二级市场原则，按照组织机构设置和职能划分为供电主体、支撑主体和管理主体三大类。

其中供电主体包括运检、营销、供电所以及班组。班组包括输电运检班、变电检修班、电网建设班等。支撑主体进一步可以区分为业务型支撑主体和投资型支撑主体，其中业务型支撑主体包括调度运行、物资供应等；投资型支撑主体包括发展建设部或项目管理中心，主要服务各单位投资管理。

2. 按市场机制细分交易对象

交易对象是各交易主体向内外部市场提供的各类业务，既包括对外销售的产品和服务，也包括对内提供的支撑服务。对外销售的业务，直接作为交易对象管理；对内提供的业务，根据电网企业各业务工作职责自上向下进行梳理识别，针对具体业务，逐项分析业务实质，确定业务基础信息、业务管理信息、业务计量方式、业务资源投入，形成业务清单和树形业务分类结构。

（1）交易对象类型。根据交易对象的形态可将其分为产品类以及服务类。

1）产品类交易对象。产品类交易对象包括原材料、零部件、半成品和成品。原材料和零部件的内部供应商是采购部门，如物资部；半成品主要是由于企业内部单位或部门上下游关系形成的产物，例如多专业协作工程设计；成品是由企业完成产品的生产制作，交给对外营销部门或企业处理，例如内部机构提供的科研成果转化 / 孵化服务。

2）管理服务类交易对象。该类交易对象主要包括企业职能管理部门提供的劳务服务。职能管理部门为内部市场商品的供给方，业务部门则为需求方，例如内部机构提供的法律服务。

3）技术服务类交易对象。该类交易对象在电网企业最常见，根据电网企业机构设置，每家省级公司都设置了十余家支撑单位，主要为公司或者供电单位提供技术服务支持。该类交易对象包括生产运维、课题研究、管理咨询等，例如内部机构提供的设备调试服务。

（2）交易对象梳理原则。内部模拟市场的交易对象必须遵循以下原则：①可量化，可量化是对内部模拟市场进行绩效考核的基础，作为交易对象，无论是企业的成品、中间产品，还是生产工序或流程之间的原材料和中间产品，或是职能部门之间的劳务或服务，应具备能够准确计量的特点；②可定价，交易价格是价格量化的直接体现，所以交易对象应采用合理的方式定价；③可交易，作为交易对象应具有稳定性，非偶然发生，如果交易对象内在品质不稳定，就会增加交易的不确定性，减少交易的可能和增加交易的协调难度，使交易费用增加；④可结算，每个交易客体必须具备业务基础信息、业务管理信息、业务计量方式、业务资源投入，保证收入与成本合理归集。

（3）交易对象梳理方法。省级支撑单位主要为省级公司和供电公司提供技术、劳务等服务，交易对象的梳理包括业务梳理、职责梳理、计价方式确定、分摊动因设置等步骤。

1）梳理业务活动。梳理各单位对外业务，分析各单位向外部单位销售的产品服务清单或向内部单位销售且已经开票记账的服务清单、记录等，这些业务将直接纳入内部模拟市场业务体系，每项业务均作为一条活动管理。根据所梳理的业务，每个市场主体各形成一套业务梳理及价格核定模板。每套模板中均包括人工单价测算模板、交易对象收集模板、交易对象信息及工作量统计模板、交易对象佐证材料模板以及参考示例。

业务基本信息包括业务分类、业务名称、业务说明、服务范围、收费情况等内容，便于按业务类别管理支撑业务；业务管理信息明确每项业务的上级单位管理责任归属，包括业务主管部门，责任人等；业务开展单位、部门、责任人等信息，明确业务在支撑单位开展的责任归属；业务定价方式明确交易对象价格确定的逻辑，按照直接取用外部市场价格、参照定价标准定价、比照成本定价以及成本补偿的方式定价，具体见下一小节；单位业务价格信息明确单位业务价格、业务价格单位及业务产出量的计量单位；分摊依据明确该交易对象收入按何种收益原则或资源消耗动因向供电单位传导成本。

2）梳理职责义务。根据企业各业务线工作职责自上向下进行梳理，按照单位及职能双条线梳理内部业务，并根据管理模式及业务属性归纳内部业务类别。以各支撑单位业务职能为起点，分单位对交易对象进行梳理，确保内部业务清单不重不漏，覆盖支撑单位所有对外服务的业务。对梳理的交易对象充分分析属性及内在特点，归纳活动类别，从而支撑后续业务收入按业务类别汇总，满足内部模拟市场运营情况分析中不同层级的分析及业务管理需要。确定内部模拟业务的管理信息，即明确该交易对象对应的岗位、责任人，为后续交易对象年度预算、季度执行的审批提供支撑。

梳理交易对象是各支撑单位专业部门承担的日常行为，各专业部门业务专责应在日常工作中、季度执行汇报和年度预算编制前定时梳理业务，检查在用的交易对象是否满足交易需要，淘汰老、旧、废弃的交易对象的同时根据自身业务调整或经营范围变化更新交易对象。

3）明确计价方式。明确收入计算方法，分析业务特性，为所有交易对象明确收入计算方法，即明确该交易对象是否可以直接计量业务发生次数及单价，通过业务量 × 单价来结算交易对象收入。因此在业务梳理过程中，通过对交易对象驱动因素的识别与挖掘，首先识别该交易对象是否符合能够计量和计价的因素，确定其计算收入的方法。具体可按业务量计量的交易对象主要包括以下几类：①重复操作类业务以操作次数为业务量，例如工单处理的业务量为工单量；②检测、测试类业务以作用对象个数为业务量，例如检测设备台数等；③按既定金额提成的业务以业务提成基数为业务量，例如物资采购金额等；④部分项目类业务和日常支撑工作难以识别业务量，例如研究类项目、信息系统维护项目等，以完成进度或总量的百分比确认实际工作量。

4）设置分摊动因。按内部模拟市场运行体系，各支撑单位内部模拟收入将根据收益及资源消耗原则向受益对象（供电单位）分摊交易成本。根据内部业务的受益对象，确定内部业务成本的承担对象。其中，业务范围为支撑售电核心交易对象或业务直接作用于供电单位的，如电网规划、设计、建设、运行、维护等其他支撑业务，其内部业务成本应由供电单位承担；而业务范围为支撑公司管理或内部业务服务对象的，该类业务与供电单位及售电收入的获得虽并无直接的业务关联关系，但其目的均是确保电网的稳定高效运行，因此这类交易对象成本将根据不同的分摊动因分摊至各供电单位。

3. 按市场原则制定交易价格

交易价格，是指提供单次业务取得的收入，是记录业务交易的基础。市场交易价格是内部模拟市场运行的枢纽，而市场交易价格的制定则是内部模拟市场管理的核心。

交易对象可以根据收费情况划分为已收费交易对象和未收费交易对象。其中已收费交易对象主要是向外部市场或内部单位提供的产品和服务，并已将收入费用计入本单位收入账中，例如培训、售电等业务；未收费业务主要是支撑单位对供电单位提供的产品和服务，但并未向服务单位收取任何费用的活动，例如信息系统运维相关的业务。

支撑主体向外部提供业务服务，根据业务价格与业务量，直接形成了支撑主体的外部销售收入；向内部提供业务服务，同样根据业务价格与业务量，形成了支撑主体的内部模拟收入。另一方面支撑主体向供电主体提供的服务，最终形成供电主体的内部支撑服务结算成本，影响供电主体的内模利润。交易价格全面应用于内外部业务收入、成本的确认及内模利润的测算，并适用于内部模拟市场年度预算编制和季度跟踪评价。

（1）交易价格的制定遵循以下原则。

1）科学性。交易价格制定应遵从市场规律，优先参照外部市场已有的价格，减少因各单位管理成本因素影响。

2）稳定性。交易对象的单价一旦制定，在一定期间内原则上不予调整，保证交易对象的连续可比性。因经营需要新增交易对象或经营发生重大变化需要调整价格，支撑主体编制交易对象调整（新增）方案和提交相关证明材料，上报内部模拟市场体系归口管理部门审批备案。避免各单位寻求价格的增长来提升自身的内模利润水平，确保内模利润和内模利润增量在历史期间纵向可比。

3）引导性。内部模拟市场交易价格不同于外部市场价格，外部市场交易价格是由市场供求关系自行调整发现的，而内部模拟市场一方面要体现企业内部的供求关系，另一方面需要考虑企业的整体利益、战略发展导向，因此内部模拟市场交易价格应具有引导性。

（2）交易价格制定方法。从财务管理的角度，内部模拟市场交易价格的制定有两个基本依据：一是以外部市场价格作为基础，市场价格比较客观，对买卖双方都没有偏袒，例如直接取用市场交易价格、参考外部市场定价；二是以标准成本作为制定内部模拟市场交易价格的基础，例如定额法、比照成本定价法、成本补偿法。交易价格制定方法如图 6-6 所示。

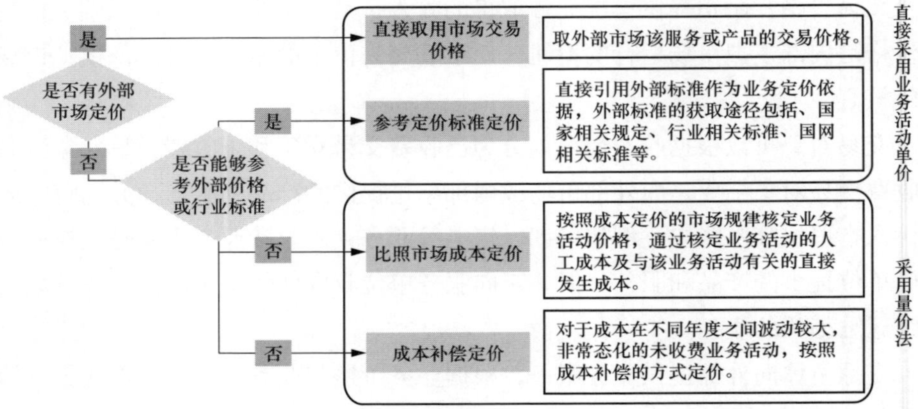

图 6–6 交易价格制定方法

1）直接取用市场交易价格。未收费业务中如外部市场有适合该活动的价格的则直接取用该业务当前市场交易价格，例如信息系统维保、电厂技术监督等。

2）参考定价标准定价。参考定价标准定价也是参考外部市场定价，部分梳理的未收费交易对象，在外部市场有类似服务或产品的价格或者行业、国家规定、电网企业标准的价格可供参考，则采用参考外部市场价格核定价格的方式为交易对象定价。外部价格的获取途径包括外部市场报价、国家相关规定、行业相关标准、企业相关标准等。

3）比照市场成本定价法。由于较为简单且一致性高，在内部模拟市场体系中，比照市场成本定价法最常用。该方法将人工成本、直接成本与分摊的业务间接成本与交易对象关联计算活动价格（见图 6-7）。

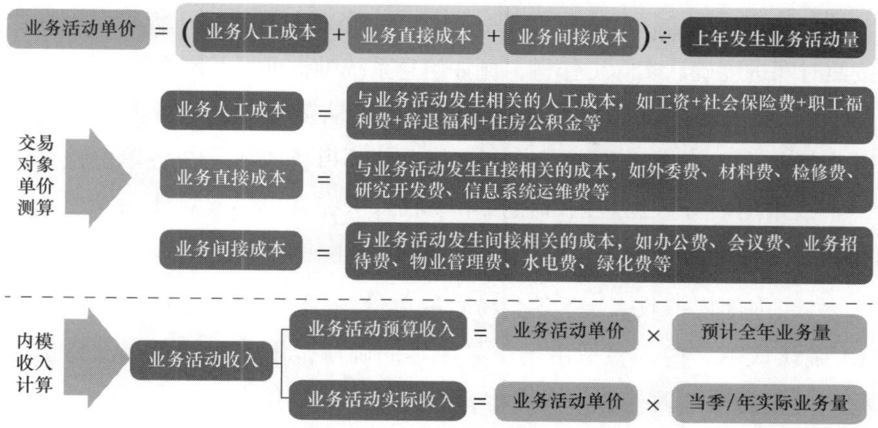

图 6-7　比照市场成本定价法

成本取数的原则是针对成本费用取数测算人工单价，考虑成本监审要求，取连续三年的实际发生成本，按取数原则计算人工单价。

由上可知，比照市场成本定价法以供方的实际成本作为基础，将供方的全部成本转嫁到需求方，一定意义上削弱了供需双方控制成本、降低成本的积极性与责任感，而各生产周期的实际成本会随实际情况变化而存在差异，若以实际成本为内部价格，则各期的内部交易价格变化不定。为解决该问题，借鉴零基预算思维，设置“增减率、增减额孰优”等考核指标达到降低成本的目的。

4）成本补偿定价。对于成本在不同年度之间波动较大、非常态化的未收费交易对象，按照成本补偿的方式定价。按照成本补偿方式定价的交易对象主要分为科研经费计划及其他非常态化的交易对象两类。

对于科研经费计划，按照科研经费预算确定全年成本补偿金额，在预算编制时可根据下达计划金额填入；而在全年各季度执行过程中应按照实际进度进行动因量的核算，每季度执行的收入确认为年初计划金额 × 累计的动因量。

4. 按市场模式制定交易规则

（1）内部模拟市场交易规则。内模利润是内部模拟市场的关键考核指标，内模利润是指企业经营收入扣减各种成本消耗及营业税费后的余额。在业务梳理过程中，通过对业务驱动因素的识别与挖掘，交易主体的全部业务均可清晰梳理、业务价格均可量化测算，符合能够明确业务量和计价的因素，采用量价法计算内模利润，量价法的规则如下。

1）确认业务量。一是对于重复操作类业务，以操作次数为业务量，例如电能表检定的业务量为电能表数量；二是按既定金额提成的业务，以业务提成基数为业务量，例如物资采购金额等；三是部分项目类业务和日常支撑工作难以识别业务量的，按照时间进度确认实际工作量，例如信息系统维护项目及网络设施运维等。

2）确认收入。内部模拟市场交易收入的确认范围，包括各类交易主体全部内外部市场收入，真实反映全部产出。其中外部市场收入已在各单位核算体系中记录，直接采用财务数据。内部模拟市场收入未在各单位核算体系中反映，按业务量和交易价格计量。

$$\text{内部模拟收入} = \sum \text{各交易对象单价} \times \text{各交易对象业务量} \quad (6\text{-}1)$$

3）确认成本。内部模拟市场交易成本的确认范围，包括各类交易主体全部资源耗用，包含全部内外部市场成本，真实反映全部投入。

4）确认内模利润。各个交易主体内模利润的计算方式是交易结算规则的核心。

①供电单位：

$$\text{内模利润} = (\text{营业收入} - \text{营业成本}) - \text{模拟省级公司的购电费} - \text{支付支撑单位的内部服务费用} \quad (6\text{-}2)$$

式中：营业收入为供电单位日常经营过程中取得的所有收入，即外部市场收入；营业成本为供电单位日常经营过程中发生的所有成本；模拟省级公司的购电费为按照内部模拟市场形成的各主体的省级公司购电费用确定；支付支撑单位的内部模拟服务费用为按内模收入确认表确定。

②支撑单位：

$$\text{内模利润} = \text{营业收入} - \text{营业成本} + \text{内部模拟市场收入} \quad (6\text{-}3)$$

式中：营业收入为支撑单位日常经营过程中取得的所有收入，即外部市场收入；营业成本为支撑单位日常经营过程中发生的所有成本；内部模拟市场收入为支撑单位对内提供支撑服务所取得的收入。

（2）内部模拟市场交易协调机制。

1）以企业主要负责人为核心，发挥权威引领作用。在内部市场化管理中，由于作为利润中心的各交易主体都拥有各自的利益，在内部议价的交易过程中有可能损害企业的整体利益，不利于企业战略目标的实现；同时资源的分配往往成为各交易主体争夺的焦点，这就需要从企业自身发展出发，协调各经济单位的相互关系。将各层级企业负责人作为内部模拟市场权威引领者，发挥其在重要资源配置的主导作用。

2）以财务部、人资部为核心，建立契约管理部门或核算中心。内部模拟市场交易主体作为利润中心，需要财务部、人资部科学制定考核评价的指标、标准、方法和手段，正确确定内部市场主体的权利和义务，负责企业内部市场核算，制定标准的内部合同与外部合同，统一管理内部契约，对发生的各种交易进行结算。

3）以部门负责人为核心，建立内部市场仲裁机构。在内部模拟市场交易中，内部市场主体之间因为利益而产生分歧是不可避免的。需要建立内部市场仲裁机构作为争端处理机构，对发生争议的内部交易主体明确各自权利责任，依据企业的有关规章及内部交易规则处理争议，保证内部模拟市场正常运转。

第三节　电网企业内部模拟市场体系运营

一、内部模拟市场交易对象管理

（一）迭代更新交易价格

内部模拟市场交易价格不同于外部市场的交易价格，外部市场交易价格能够根据市场供需关系及时响应，而内部模拟市场价格采用定额法、标准成本法、比照市场成本定价法制定，如国家能源局发布的定额一般5年更新一次，通过季度调整系数保证定额单价与市场价格保持一致，基价在一定时期具有稳定性。且考虑公司经营形势变化，各交易对象及价格会有一定变动，导致部分交易对象价格失真，影响到内模利润各项指标考核，需要对交易对象及价格进行修正。

价格体系调整可以由交易主体提出修正需求，经内模市场管理小组讨论通过后，财务部、人资部进行重新测算修正，或者通过发布价格调整指数迭代更新。

（二）新增/调整交易对象

交易对象应符合企业发展战略，由于企业新兴业务拓展及发展重心的调整，灵活的交易对象新增或调整是十分必要的。

各支撑单位专业部门在梳理交易对象时，发现需要新增或调整交易对象时启动新增/调整交易对象流程。交易对象的调整流程关键点包括收集并整理需新增或调整的交易对象的基础信息、交易对象定价、人工投入、补充交易对象直接成本、申请、审核及启用等过程。

其中收集新交易对象的基础信息、交易对象价格测算、交易对象直接成本信息收集，以及新交易对象提报申请及审核等节点均为线下操作流程，新交易对象批准后录入信息系统为线上操作。

新交易对象申请由各支撑主体业务部门发起，经本级单位及省级公司管理部门审批，并录入信息系统后正式启用。对于在用的交易对象基础信息包括价格信息的调整，为了避免出现同一交易对象在一年中存在多种不同的信息情况，因此只能在年初编制预算期调整在用交易对象的基础信息，其他时间段不予调整。

二、内部模拟市场指标体系设计

（一）指标体系设计原则

内部模拟市场指标体系设计是市场机制的核心，是承接战略落地的关键手段，是对大部分单位无偏差考核的来源，因此指标设计具有引领性、科学性、传导性。

（1）聚焦战略引领。围绕公司战略，聚焦核心业务的关键结果，开展顶层设计，公司上下树立一盘棋思想，坚持落实战略目标；强化闭环管理机制，深挖问题本质，制定有效措施，实现量化评价——问题清单——提升措施——管理决策的有机衔接。

（2）聚焦科学客观。多维度、多层次考虑指标设置的科学性、指标数据的客观性和考评方式的合理性，避免重复交叉考核严重、指标层级复杂、评价主观等问题，进而做到指标精简设置、考核明晰重点、数据源头清晰、评价考核客观。

（3）聚焦融合传导。地市级供电公司是公司战略实施的主战场，因此指标需考虑专业管理部门、生产部门诉求，量化体现各主体的工作可为度，避免上级单位统筹、基层单位难以承接的指标。

（二）指标体系设计内涵及传导

1. 一级内部模拟市场指标引领

某电网企业根据当前电力改革、国企改革、国资委考核等，围绕统筹平衡利润、风险管控等目标，指标体系遵循以下原则：①由预算周期向多重周期目标转变，与监管要求有效衔接，优化成本支出结构，稳定准许收入，实现当期与中长期经营目标有序衔接；②建立利润与资产负债率并重评价体系，在供电单位推行模拟资产负债表，强化自由现金流量管控，倡导与财务承受能力相适应的投入模式，更加注重投入效益；③固化提质增效量化长效评价，将利润向现金流拓展、资产向带息负债拓展、成本规模向成本结构拓展；④建立差异化评价机制，采用“排名和同比压降率孰优”“增减率、增减额、占比孰优”等评价方式，充分考虑各单位不同发展阶段和历史因素，丰富评价规则，增加选择权，鼓励各单位对照自身实际跳起摸高，激发内生动力。

（1）供电单位。一级内部模拟市场供电单位设置四个方面的考核指标，包括利润、资产负债率及现金流管理、资产运营、成本管理。

1）利润方面，围绕利润总额、内模利润维度设置评价指标。一是传导经营指标压力，确保企业战略目标实现；二是引导转变经营理念，激励各单位树立以资产为核心的经营理念。

2）资产负债率及现金流管理方面，围绕负债率、自由现金流量、权益贡献等维度设置评价指标。一是落实企业重点考核负债率情况，优化负债结构，传导资产负债率管控压力；二是固化提质增效量化长效评价，鼓励拓展资金来源，提升资金运营效率。

3）资产运营方面，围绕投资预算、投资转资、资产运营等维度设置评价指标。一是强化投入产出，促进加快形成有效资产；二是固化提质增效量化长效评价，加快资金周转和资金回收。

4）成本管理方面，围绕材料费、修理费等费用管理设置评价指标。

（2）直属单位。一级内部模拟市场直属单位设置利润、运营效率两个方面考核指标，包含 6 个具体评价维度。

1）利润方面，共设置利润预算完成率、内模利润增长率、所得税管理、其他业务收支净额及营业外收支净额等增长 4 项评价维度。

2）运营效率方面，共设置人均内模收入、成本收益率 2 项评价维度。主要是调动直属单位积极性，激励通过依靠自身主观能动性强化支撑主业能力，提升支撑业务质效。

2. 二级内部模拟市场指标承接

围绕经营管理，衔接一级内部模拟市场考核指标，协同各专业构建以“内模利润＋关键业绩指标”。一是加强结果导向，重点关注内模利润、可控费用和单位售电收入三类价值贡献量化；二是提升过程管控，供电主体重点跟踪电量、单位用户成本管理、线损管理价值提升等，支撑主体重点跟踪投资增量效益、工程建设等，管理主体重点跟踪成本费用管理等。通过不同主体利润及指标考核评价，突出各类主体不同的管理价值，形成供电主体注重经营效益、业务型支撑主体注重服务效率、投资型支撑主体注重投资效益管理理念，平衡效益和投资的关系。

3. 三级内部模拟市场指标落地

三级内部模拟市场作为内部模拟市场体系的落地实施层级，指标体系突出层层传导、可量化、可获取、可考核。将二级市场指标穿透分解至三级市场，将内模市场建设的评价指标、维度与现有指标库、工分库进行融合，横向整合关键业绩指标、内部模拟市场指标、同业对标指标、基础管理要求形成综合考评指标，纵向将可传导至员工的指标分解形成班组工分库。进一步构建工分与指标对应关系，绘成上下贯通、横向协同的指标四级传导。以内部模拟市场价值传导将公司经营目标、经营压力、经营意识精准传导、管控到班组和个人，加强指标传导穿透力，树立提质增效鲜明导向，图 6-8 为三级市场部分考核指标传导图。

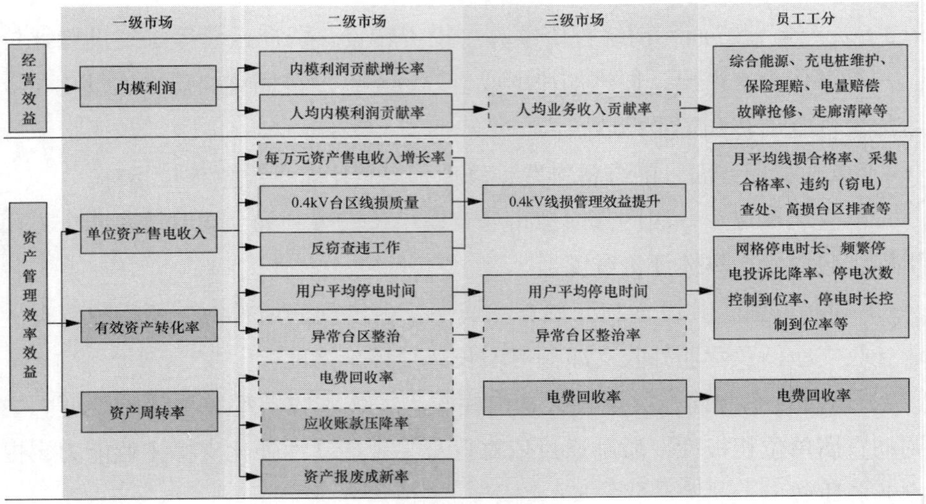

图 6-8 三级市场部分考核指标传导图

三、内部模拟市场考核机制设计

内部模拟市场采用月度管控、季度中间考核与年度结果考核相结合的方式，按照“与进度比、与历史比、与标杆比”设置各项指标计算考核标准。季度考核侧重点是过程，主要监控季度内关键业绩指标、减项指标完成情况。年度考核侧重点是目标完成，主要是对年初公司签订的业绩考核责任书中指标整体完成情况、年度安全目标实现等进行考核。

内部模拟市场考核机制设计包括收入提供和确认、成本归集和分摊、关键指标数据采集、内模利润及指标测算、内模利润和指标数据公示、考核金额对象和内模市场考核评价等方面，以此为考核基础，提高企业盈利能力，提升企业经营管理水平。

各单位按照公司季度执行填报要求及时间节点，启动本单位内部模拟市场季度执行填报工作，填报内容主要包括执行数编报、审核、测算、评价等步骤。季度跟踪评价阶段由各支撑单位业务部门填报季度实际发生的业务量来计算内部模拟收入，根据实际发生额按交易对象口径填报业务直接成本。主管业务部门根据佐证材料审定收入、支撑单位财务部门审定业务直接成本，并补充其他收入及其他成本费用，测算本单位内模利润，全口径反应该单位经营情况。公司财务部收集市场所有单位季度经营情况，通过分摊基数测算内部模拟市场各单位经营情况，同时将相关数据推送人资部门，作为考核评价提供数据基础，将结果反馈给相关单位并对经营情况进行分析。

1. 考核结果与工资总额挂钩

充分发挥收入分配的杠杆作用，将内部模拟市场价值贡献和薪酬挂钩，例如某供电公司将工资总额的 15% 与内部模拟市场考核结果挂钩。前三季度挂钩总额分别占全年考核挂钩总额的 10%、15%、20%，累计占 45%；4 季度考核即为年度考核，挂钩总额占全年内部模拟市场考核挂钩总额的 55%。通过将工资总额与价值贡献挂钩兑现，激发员工队伍参与提质增效的主动性和创造性。

2. 考核结果与员工绩效挂钩

二级、三级内部市场考核结果穿透应用至组织绩效、员工绩效，与组织绩效、员工绩效工资联动设计，引导员工关注经营效益、价值创造。

（1）绩效奖金兑现方式。内部模拟市场月度重点考核关键指标，兑现交易主体内模市场月度绩效工资。年度 (季度) 考核采取季度预考核、年度兑现，原则上在考核节点次月兑现。例如某供电公司将 1~3 季度内模考核系数与各交易主体 3、6、9 月绩效工资基数总额 30% 挂钩，4 季度考核为年度考核，考核系数与各主体年终绩效工资基数 25%~45% 挂钩。

（2）员工个人绩效奖金兑现方式。二级市场的各部门采取一定的方式将内模利润进行二次分配，其中生产部门根据绩效系统工分情况兑现员工个人月度绩效奖金；职能管理部门则根据内部分配规则进行奖金总额的分配。三级市场根据本主体所在二级市场考核兑现情况，以及三级市场考核结果兑现绩效奖金，所有绩效奖金根据班组员工工分进行兑现。

（3）建团队和个人激励机制。强化班组价值贡献激励，激发班组在做好基础工作及指标工作的前提下，创造更多的价值。例如：变电站在确保安全故障最小的基础上，实现成本最优；供电所实行“抢单”制，多劳多得，贡献增量效益。内模市场考核结果与市场主体组织业绩考核评定挂钩。强化个人工作贡献激励，让员工切实感受到他们的工作与实现公司经营目标息息相关，对直接承担内部模拟市场内容的相关工作，以高于标准工分进行核定，将内模市场的理念融入到员工绩效管理的日常活动中。

四、内部模拟市场多元联动机制

1. 与提质增效专项行动联动

内部模拟市场紧紧围绕提质增效专项行动，重点聚焦公司利润完成情况，将影响公司利润完成的收入、线损、成本、费用等指标的目标责任，根据各部门业务职责，全面分解量化到各部门，纳入二级市场指标，作为各部门提质增效工作的“责任田、承包地”。通过内模评价考核和兑现激励，检验提质增效工作的“收成”。按照标准成本、零基预算的理念，围绕“与目标比”总体最优的原则，将公司经营目标、经营压力层层分解到各部门，直至员工。各部门在公司分解下达的收入、成本控制目标的基础上，树立“比目标更优”的经营意识，采取目标倒逼的方式细化、优化提质增效各项措施，形成“众人拾柴火焰高”的最大合力。

2. 与三项制度改革联动

落实三项制度改革，把内部模拟市场建设与组织机构优化和促进“六能”[1]要求相融合，引导供电主体更加关注经营效益、劳动效率，减缓“要人冲动”。通过划小核算单元，将各级组织模拟为一个个独立的交易主体，推进贡献、效益、薪酬紧密挂钩，加大考核结果与薪酬的挂钩力度，合理拉开收入差距。通过内部市场体系，全面客观反映各交易主体的投入产出和价值贡献，严格量化考核，允许各级用工主体向内部市场“模拟退人”，同时授权具有一定潜力的人才发挥其价值，为公司培养经营型管理人才奠定夯实基础。

3. 与专业精益化管理联动

内部模拟市场体系的运营与各专业部门的精益管理密不可分，需要联动发展、财务、营销、设备、物质等部门，对其经营管理成效及专业价值创造精准刻画。联动典型示例如图 6-9 所示。

---

[1] “六能”指的是管理人员能上能下、员工能进能出、收入能增能减。

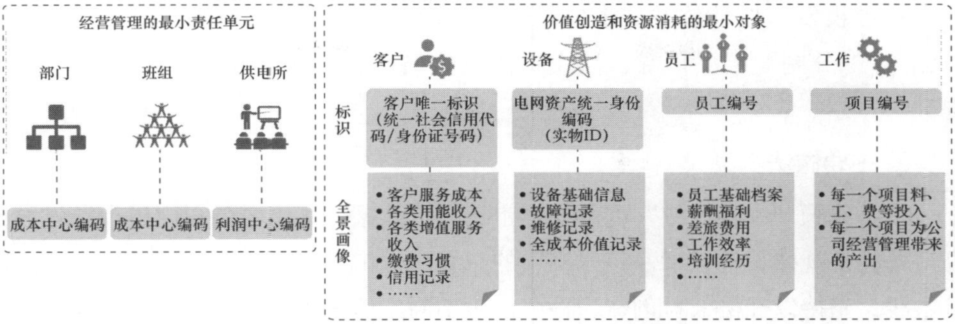

图 6–9　内模经营核算与各级价格贡献量化单元联动典型示例图

（1）发展建设部门要将内模考核结果与精准投资进行挂钩。牢固树立精准投资理念，优化电网投资规模与时序，确保投资与售电量增长、可靠性提升等相匹配，杜绝低效、无效投资；加快工程建设进度，提升工程转资效率。

（2）营销部门要将内模考核结果与新型业务收入进行挂钩。要促进开源增收，努力开拓售电市场，确保电价执行到位；优化营商环境，推动业扩报装全面提速，着力提升服务质量；大力实施电能替代专项行动，全面提升电能替代发展质量和综合效益。

（3）设备资产管理部门要将内模考核结果与资产管理水平进行挂钩。结合《输配电定价成本监审办法》对运维成本监管要求，研究合理运维成本水平，管控材料、修理等各类检修运维成本合理规模。

（4）物资管理部门要将内模考核结果与采购及库存管理水平进行挂钩。提升采购效率和物资质量，降低采购成本；合理控制存库，提高周转效率，减少资金占用，推动公司精益化管理水平提升。

第四节　电网企业内部模拟市场体系应用与实践

一、构建“内部模拟市场 +”特色应用案例

1. 案例概要介绍

某供电公司通过构建以经济效益创造为核心，兼顾管理效益、安全效益、社会效益等维度的内部模拟市场评价体系（“一核三维”），合理设置不同的交易主体，通过模拟交易将公司内部服务价值化，将成本中心转变为利润中心，引导各

单位精准投资，提升效益；将公司管理指标通过部门关键业务评价、班组“抢单制”“工分制”层层传导，激发员工内生动力，最终实现公司经营管理全面提升。

2. 主要做法

（1）兼顾“一核三维”内部模拟市场评价体系。某供电公司内模市场建设遵循市场经济规律，构建“一核三维”的二级内模市场评价体系，紧抓投入产出这条主线，坚持以经济效益创造为核心，对不同主体采用不同的收入和成本核算方式，客观地反映各主体对企业经营利润的贡献能力，同时辅以管理效益、安全效益、社会效益等维度，全面客观反映各主体的投入产出和价值贡献，建立以利润创造衡量业绩贡献、以自我发展激发企业活力的评价机制。

二级内部模拟市场以经济效益创造为核心，对于供电主体和支撑主体采用不同的收入和成本核算方式，更为客观、合理、公正地衡量各主体对公司整体的价值贡献。一方面评价供电主体(如地市级公司、生产管理部门)为公司带来的利润贡献，并且传导其所获得的省市两级服务对应成本，更为全面地反映投入产出效益。另一方面评价支撑主体(如物资部、建设部、配电运检室和带电作业室)对公司经营发展提供的支撑贡献，将内部服务转化为市场化交易，赋予各项服务市场价格，从模拟利润角度反映其对公司的支撑能力。

在考核关键业务指标时，财务部、组织部会同各业务部门正视自身差距，直面弱项指标，将补齐短板作为内模市场关键业务指标评价重点。考核市（县）级供电公司建设部和配电运检室项目预算完成率和转资率，考核运维检修部设备故障停运率，考核营销部营销投诉比降率、电能替代电量增长率和台区线损不合格率比降指数。

将公司履行社会责任、提升营商环境纳入关键业务考核指标，在考核供电服务中心时将其低压业扩平均接电时长作为关键业务考核利润因素；在考核带电作业室时，将不停电作业增供电量、配电运检室衡量故障缺供电量同比减少量作为考核事项，引导参评单位提升服务水平，履行社会责任。按照发生安全事件的等级设置扣分标准。引导业务部门在降本增效的同时守牢安全红线，落实安全责任。

（2）探索应用“内模＋抢单制”模式。探索“抢单制”绩效激励方案，将营销部的内模关键业绩指标中“营销投诉比降率”和“电能替代电量增长率”进一步转化为班组的工作内容。在客户经理团队内部实行“跨专业”抢单，以结果为导向，不严格区分营销和配电专业；在方案团队内部实行“跨区域”抢单，打破原工作按区域划分不合理的情况，让班组成员根据能力抢单，实现按团队价值贡献分配绩效工资，根据“抢单”工作完成数量和质量发放绩效奖金。

（3）深化应用“内模 + 工分制”模式。某县级公司按照“网格化管理，全能化运维，智能化调度”的思路，打造“结构好、装备好、技术好、管理好、服务好”的高可靠性电网，以促进供电所提升基础管理水平，减少停电故障，缩短低压接电平均时长，提高电费回收率，降低公司经营风险，选取电费回收率、配电故障停运率和低压接电平均时长比降率作为供电所模拟利润的调整系数。根据内模关键业务利润分解出具体的考核事项或考核指标，通过梳理班组工分库，对原来已经包含在班组工分库的相关内模工作事项进行整理，同时对未纳入班组工分库的内模事项进行补充，将评价出的工分共同应用于内模考核与业绩考核，并且在供电所内部进一步推行绩效工资“团队包干”，实现供电所业务包、组织包、绩效包三包联动，促进班组之间、班组内部的绩效奖金流动，增强班组之间的竞争意识和自主管理意识。

3. 取得成效

某县供电公司带电作业室通过深化“工分制”团队绩效考核方案，进一步调动带电作业室班组成员工作积极性，带电作业量显著提升，当年带电作业室带电作业增供电量 572.7 万 kWh，较上年同期增加 131.2 万 kWh，增幅 29.72%。

某县供电公司“抢单制”实施以来，当年方案班共编制 1131 项业扩方案，较上年同期增长 11.6%，平均时长 3.1 个工作日，较去年缩短了 0.3 个工作日。客户经理班送电项目数较去年同期增加 67 项，客户回访满意率保持 100% 水平。通过实行“抢单制”团队绩效创新方案，有效地促进配电项目经理、营销客户经理“合二为一”，加快营销与配电业务深度融合；业务提升成效明显，缩短了业扩方案时长，营商环境得到有效改善；充分体现了多劳多得的激励导向，激发员工的内生动力，提升了公司的经营效益。

同时抢单制度让工作量分布更加均衡合理，新模式实施前团队承载量最高及最低人员分别承载了 413 项和 104 项任务项，项目承载量差异比达到了 3.9 倍，工作承载量严重失衡。引入内部模拟市场调节机制后，承载量最高及最低人员分别承载了 259 项和 223 项任务项，承载量差异比进一步降至 1.2 倍，同期的绩效差异基本与承载量差异对应，团队各成员任务承载量已基本实现平衡（见图 6-10）。

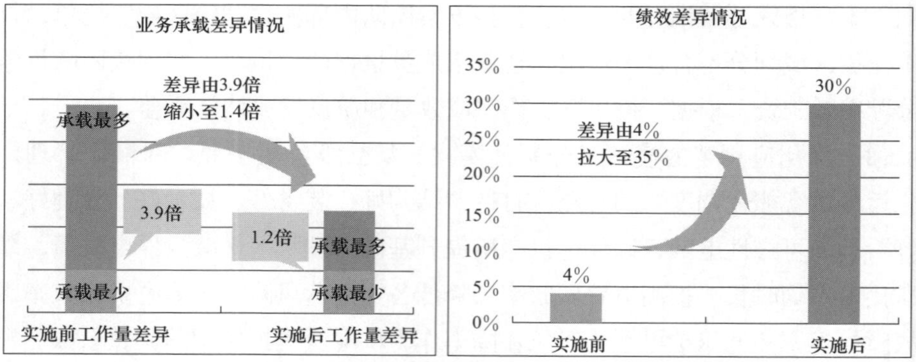

图 6-10　某公司营销部门开展抢单制前后对比情况

二、基于“112”为核心的高效内模市场体系应用案例

1. 案例概要介绍

某市 GDP 连续多年处于该省靠后位置，叠加新冠疫情影响，某市供电公司售电总量及增速均位列全省末位，公司经营形势严峻。创新建设基于“112”为核心的高效内部模拟市场体系，通过核算各主体的投入产出效益，引导全员树立成本效益意识，持续推动企业降本降损、增收增效。然而，在内模推动过程中，发现两个问题：一是公司个别部门创造的内模价值与公司实际经营情况相背离，即财务账面无法体现部门的增创收益；二是三级市场主体的关注重点在于业务清单与业务量，与提质增效目标初衷有所不符。

在内模建设过程中，公司在三级、四级市场主体推广“部门经营一本账，指标管控一张表，部门任务、班组工作两张清单”，即当家理账 112 表单（见图 6-11）。通过“112 表单”推动各单位、部门、班组负责人牢固树立经营创效意识，将公司的经营压力有效传导至经营末端。

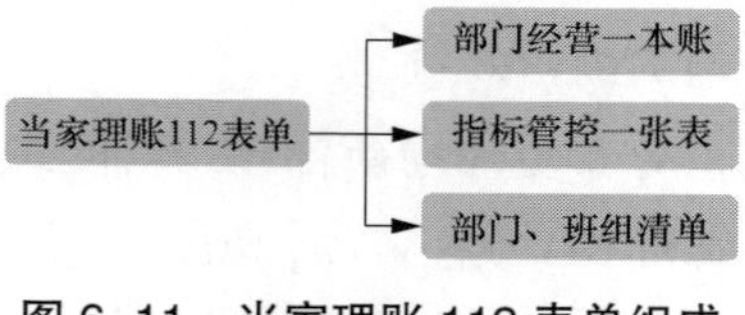

图 6-11　当家理账 112 表单组成

2. 主要做法

（1）推动内模市场良性运作，注重提质增效。

应用市场化竞争机制，建立“部门经营一本账”，强化各部门“当家理财、花钱问效”意识。运用市场化理念梳理部门的内模业务收入和成本支出，建立“1+N”开拓创收模式，即售电收入 + 增供业务、资产盘活、新兴业务等多种收入来源。在收入方面，要求各部门将重心放在挖掘专业管理、业务增收、政策争取的收入上。为解决个别部门的增创业务收入无法在财务账面体现的情况，公司增设“模拟业务收入”用于体现部门精益管理、业务提升等方面获得的创收。例如：将“减少停电时长、优化水能利用率、压降线损收入”等无法直接体现贡献的收入均列入模拟业务收入。

在内模成本控制方面，重点加强对成本性支出和资本性支出的梳理，在确保安全生产的前提下，坚决核减无效支出，通过经营一本账梳理、明确了三级市场主体的收入和成本，让主体责任人的市场意识得到进一步强化。成本控制执行见图 6-12。

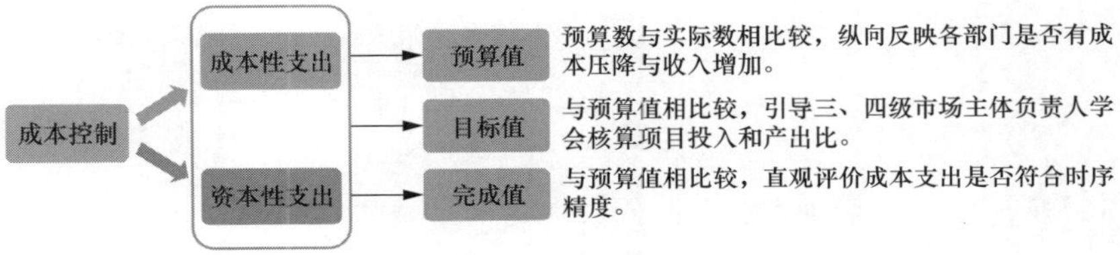

图 6-12　成本控制执行

（2）推动多元指标体系整合，聚焦弱项指标。为解决内模指标体系、关键业绩指标体系、同业对标指标体系、提质增效任务并轨运行且容易混淆的情况，对以上 4 个指标任务进行全面梳理、整合，形成一套实用、高效的综合性指标体系。将不同指标体系中的指标评价内容与关键因子进行“合并同类项”，形成纵向覆盖全层级、横向关联生产、营销、建设、管理四大经营板块的“指标管控一张表”；并设置每个指标的关键因子、指标责任部门、指标责任人、是否弱项指标等核心管控字段。各部门通过“指标管控一张表”延伸形成三级指标 257 项，其中 168 项贯通至一线班组，25 项贯穿至供电网格。

供电所在内模市场二级到三级的内模指标承接上，做了更深入的细化，重点聚焦弱项指标管控，根据每个供电所的不同情况，设置不同的目标值，通过安全管理、生产管理、营销管理、综合管理、成本控制五个方面 46 项指标，全方位无死角对各供电所实行内模绩效管控，梳通“公司—供电所—供电所班组—（网络）—班员”指标传导路径。

（3）推动细化工作任务清单，传导落实责任。由“部门经营一本账、指标管控一张表”延伸创建“部门任务清单”，将经营管理、指标目标、提质增效任务进行梳理，全部融入“部门任务清单”。通过“部门任务清单”，本部门可以快速了解各部门经营发展的中长期工作重点，适时对重点工作进行动态调整，以确保提质增效工作服务公司发展大局。同时，在相关负责人发生变化时，接替人员也能通过“部门任务清单”快速进入工作角色，既突出了部门提质增效核心工作的重点，又保证整体工作的有效延续。

班组清单侧重管控，重在执行，其内容包括班组成本管理、创收项目、指标体系、重点工作任务等内容，是部门对二级、三级内模市场的进一步细化。通过“班组工作清单”，班组长能够清晰了解班组要管控的成本、指标与任务。“两清单”的建立，让部门、班组管理者能够精确定位工作目标，实施精益管控、跟踪落实情况，推动公司提质增效任务贯彻落实到班组或个人，真正实现公司经营压力的有效传导（见图 6-13）。

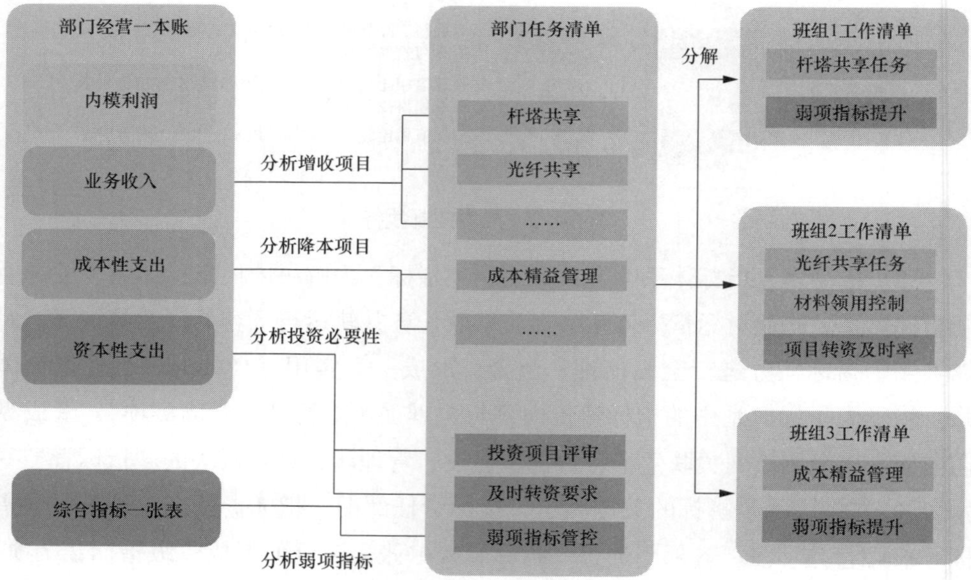

图 6-13　表单的传导图

3. 取得效果

随着内模市场建设的不断推进，地市级供电公司、县级供电公司经营意识显著提升，紧扣降本、提质、增效等方面出实招、显实效，提质增效工作取得了实质性的进展，某市提质增效累计实现创利，排名全省第五。

三、探索内部模拟市场数字化应用案例

1. 案例概要介绍

内部模拟市场作为企业级管理手段，应减少或者避免线下数据收集、核算，应强化考核信息化记录，基于互联网用户体验导线，以公司现有管理信息系统为基础，通过功能扩展延伸，搭建内部模拟市场信息管理系统，实现各市场主体经营成效和价格贡献精准反映，痕迹化考核结果，保证考核严肃性。

2. 主要做法

（1）贯通各专业系统，夯实数据基础。通过梳理各系统、各平台数据源，配置合理的后台算法，依托数据中台，实现业务内部收入的自动分摊、业务直接成本的自动归集、数据勾稽检查的自动完成，将成本费用按资产、收入对应匹配至各市场主体，营业收入、购电成本、人工成本从相关系统获取，资产折旧费、修理费、材料费按照所属单位进行归集，其他间接成本按照人员或资产原值分摊至各市场主体，从而降低专业人员传统手工填报数据的压力。

（2）拓展 ERP 系统，实现线上全流程。依托企业 ERP 管理系统，拓展内部模拟市场管理功能，包括交易对象管理、年初预算编制、月度执行编制、年中预算调整、内模考核评价等模块。将内部模拟市场交易对象管理、执行过程线上流转、线上审核、线上核算。环环相扣的全业务流程的固化和信息化，实现基础数据及核心算法的迭代应用与更新，为内部模拟市场考核评价、经营分析的精准度奠定基础。内部模拟市场信息系统功能模块见图 6-14。

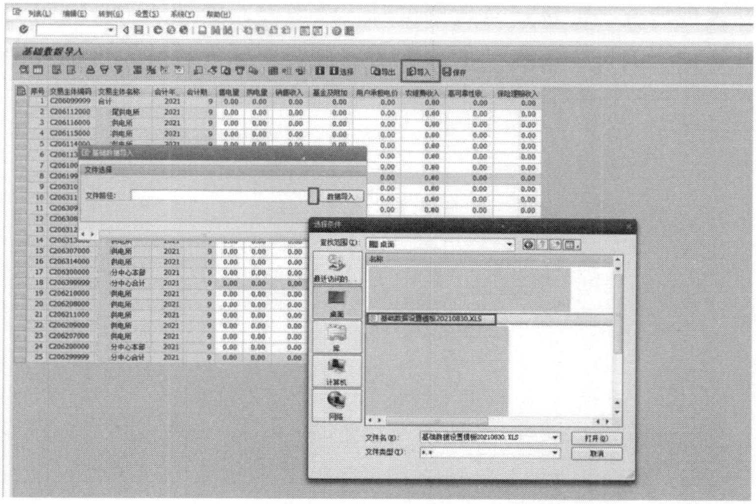

图 6–14　内部模拟市场信息系统功能模块

（3）搭建经营分析模块，价值可视化。通过对历史过程数据进行收集，构建分析模型，将内部模拟市场业务基于运营效率的量化反应结果，作为考核和评价内部各部门（单位）的依据，以此提升内部各部门（单位）的主动价值管理意识。为直观反映各主体的资源耗费、价值贡献、绩效影响及业务短板等信息，依托多维精益体系，通过以“科目＋维度”的最小单元聚合业务和价值信息，实现管理维度和成本归集，可以合理测算各层级员工投入。划小经营管理单元，可以精准匹配末级业务动因和整体价值贡献。搭建价值贡献分级展示平台，贯穿单位、部门、员工三级，覆盖供电、支撑和管理三大主体，可以直观展示各层级投入产出。

某供电公司将内模市场与台区的多维精益管理结合，开展台区客户经理价值贡献评价。将台区客户经理与其所辖台区关联，直接测算台区客户经理价值贡献，通过价值贡献“分级”展示平台，动态展示台区客户经理“投入、效益、得分、绩效”四个维度整体表现，联动分析其员工开支明细、分管台区价值贡献分布、负责重点业务指标表现、分管台区信息明细等内容，辅助指标预警功能，形成台区客户经理投入产出评价综合分析平台，能为未来营销网格化管理提供决策参考。

3. 取得成效

在内部模拟市场信息系统上，一级、二级市场结合行政地图可直观展示价值贡献情况、各项指标的当期排名及指标状况，助力各单位寻找差距，有针对性地整改提升；三级市场展示单位、部门、供电所、员工的成本投入、价值贡献、关键业务指标表现情况，促进运营效率提升，激发经营管理活力。同时由于交易对象的全线上管理，通过平台有效追溯到前端业务，能够有针对性地开展分析与治理工作。

第七章　电网企业提质增效管理体系构建理念、方法及应用

第一节　提质增效管理概述

一、提质增效管理体系建设的背景

2020年以来，电网企业先后经历了疫情、阶段性降价、宏观经济下滑等诸多外部挑战，电量、电价等重要经营要素受到巨大冲击。作为关系国民经济和国家能源安全的国有重点企业，电网企业不仅承担着经济责任，还承担着稳经济、稳增长的政治责任和社会责任，这些都要求企业迅速调整经营策略、转变发展方式，提升经营管理水平，以在复杂严峻的环境下赢得生机、锤炼韧性、行稳致远。

（1）提质增效是贯彻新发展理念的必然要求。新发展理念符合我国国情，顺应时代要求，对破解发展难题、增强发展动力、厚植发展优势具有重大指导意义。在“十四五”乃至更长时期，国企改革的主线和灵魂仍将是提高质量和效率，从根本上增强国有企业的竞争力、创新力、控制力、影响力和抗风险能力。

（2）提质增效是企业可持续发展的必然要求。我国经济的发展方式已经由高速增长阶段转向高质量发展阶段。要在保持当前经营目标和市场水平的同时，综合考虑企业长期经营领域和市场环境变化，优化调整合理布局，保证企业持续盈利增长和技术水平提高。要加快推进提质增效，全面开展精益管理，持续推进增优势、锻长板，补短板、强弱项，改善运营效率，提高发展质量。

二、提质增效管理体系的内涵

提质增效是通过内优管理、外拓市场推动“质”的稳步提升和“效”的稳健增长。质是指电网发展质量及企业发展质量，效是指经营效能及经营效益。

1. 提“质”的内涵

从电网发展质量来看，电网高质量发展是指为更好地发挥电网在能源资源配置和转换利用中的基础平台作用所需要的特征或特征的总和，是衡量企业硬实力

的核心要素之一，主要体现为安全可靠、经济高效、绿色低碳、智慧共享等。电网发展质量提升强调的是电网转型升级，即在适度超前推进电网发展的同时，一方面要应用新技术改造升级传统电网，构建以电为中心，以坚强智能电网为基础平台的能源互联网，打造智慧能源系统。另一方面，着力提升现代配电网发展水平，增强源网荷储协调互动能力，支撑新型用能设备大量接入和分布式电源并网需求，提升终端消费领域电气化水平。

从企业发展质量来看，高质量发展作为一种新的发展方式，在注重提高产出效率的同时，更加注重产出内涵和质量的提升，是企业追求高水平、高层次、高效率的经济价值和社会价值创造，以及塑造卓越的企业持续成长和持续价值创造素质能力的目标状态或发展范式。推动企业高质量发展就是通过实施质量变革、效率变革和动力变革，推动企业生产效率、生产质量实现“质”的提升，打造高站位前瞻型企业、高层次创新型企业、高认同共益型企业。

2. 增“效”的内涵

经营效能方面，当前外部形势加速演变，推动企业内部高质量发展快速转型，深化“精准投资、精益管理”，提升企业经营效能，是增强企业竞争力的有效途径和必要手段。建立健全符合电网企业经营特点的效能评估机制，深入研判经营资源要素投入产出效率，引导企业优化资源配置，进一步推动提质增效重心向质量提升、效率提高、效能改善方向拓展。

经营效益方面，作为关系国家能源安全和国民经济命脉的国有重点企业，提高电网企业经济效益不仅关乎企业自身发展，也对社会经济发展有着直接影响。电网企业依托自身资源禀赋和管理、技术优势，可通过外部市场延拓、内部潜力挖掘、强化改革创新，努力巩固存量市场，有序拓展增量市场，不断提高企业整体经营活力和运营效率，为促进电网高质量可持续发展和服务经济社会发展大局奠定有力基础。

三、提质增效管理体系构建的经验借鉴

A 电力公司是世界具有代表性的大型电力公司之一。近年来，A 电力公司面临用电增长缓慢、能源价格持续增长及电力市场竞争加剧等不利经营环境，从战略的高度，深化精益管理，积极开拓市场，发展新业务，保持了公司的可持续发展。

（1）提高效率，降低成本。在严峻经营压力下，A 电力公司在提高效率、降

低成本方面采取了一系列措施：一是提高资金运用效率，在保证设备安全稳定运行的前提下，公司优化基建、技改等工程建设时序，减少了资本性支出，提高了资金使用效率；二是努力降低成本，折旧是公司成本的主要组成部分，为此A电力公司降低了设备折旧率，降低成本支出；三是实施业务重组，发展有潜力新业务，A电力公司对其各项业务都有明晰的收入、成本、利润分析，通过各业务成长性对比，有效促进了公司总体收入水平的提高。

（2）挖掘客户用电潜力。为了实现售电量目标，A电力公司为大用户制定能源成本策略，优化大用户能源消费方案，实行优惠电价等措施，为大用户提供一站式服务，满足不同客户的多种需求。同时发展新客户，创新服务方式，主动服务客户，为客户提供能源利用方案等措施，扩大了公司客户数量。

（3）加强科技创新。加强科技创新能力向新技术挑战是A电力公司持续发展的重要支撑。这一措施的主要目的在于节能减排、保护环境。A电力公司不仅在节能和环保方面作出了表率，同时开拓了潜在市场。A电力公司致力于电动汽车的推广及快速充电器等新技术产品研发，并因此获得环境保护领域多项荣誉称号。

（4）开拓新业务。在开拓新业务方面，A电力公司主要做了两个方面工作：一是开展燃料运营业务，加入了天然气燃料供应链；二是大力开展国际化业务。同时，立足自身优势，开展国际对外投资和对外咨询。对外投资主要集中在发电业务，包括燃气电站、燃煤电站和风力电站等；对外咨询主要包括发电和输配电相关领域技术咨询。

第二节　电网企业提质增效体系架构设计

一、提质增效管理体系架构设计的基本原则

提质增效长效机制，不仅涉及业务、经营、管理等多方面、多领域的提升，也涉及观念转变和资源、市场、政策等多方面的协力配合。为此，必须在深刻把握其内在要求的基础上，紧密结合实际，采取有效对策，力争取得实效。体系框架设计需坚持以下几项基本原则。

1. 当前与长远相统一原则

通过电网企业发展目标以及量价长期走向趋势分析，确定提质增效要统筹电

价监管周期、发展规划周期等经营目标。因此，提质增效长效机制构建要长短结合、综合施策，既要立足当前，围绕年度经营指标，稳存量做增量，多措并举开源节流，确保稳健经营。又要着眼长远，注重发展的延续性、前瞻性，提质量、优结构、育文化，推动企业发展方式向稳健经营型转变。

2. 继承与创新相统一原则

随着提质增效专项行动不断纵深推进，电网企业形成了组织领导、责任分工、预算管控、评价考核、宣传推广的提质增效工作，推出了一批管长远、见实效的举措。构建提质增效长效机制，要在继续巩固已有成果、优势特色的基础上，进行创新与拓展，注重举措衔接、政策配套、落实协同和效果同向，确保已有举措和新的机制同向发力、相互促进，形成提质增效整体效应。

3. 局部与整体相统一原则

提质增效长效机制构建，要基于战略思维的全局性原则。一方面，加强业务之间的资源共享和优化配置，通过精准施策发挥乘数效应，推动解决经营发展中的不平衡不充分矛盾。另一方面，充分利用集团运作优势，持续提高资源配置和服务支撑能力，深度发挥协同聚合效益，推动专业间、层级间、单位间共同发展。

4. 效率与风险相统一原则

构建提质增效长效机制，要充分考虑经营发展的宏观形势环境变化情况，对公司盈利模式、经营规模等产生的影响，在强调效率效益的同时，强化风险防控能力，找到经营发展的安全边界值，始终保持效率与风险的有效平衡。

二、提质增效管理体系架构设计

在电网企业发展战略目标指引下，总结提炼提质增效专项行动各项举措落地成效、系统集成，形成具有地方特色、能够管得住长远，在电网系统内具有较大影响力的管理创新成果。“创一流”发展要求加强软、硬两个实力建设，提质增效作为一项长期发展策略，是确保电网企业发展提升、精益管理的稳健保障。

电网企业提质增效架构体系设计需考虑以下要点。首先，确定目标定位体系，基于国家行业宏观政策导向，从公司战略目标定位、对标世界一流电网企业等角度设立发展目标。其次，确定基本原则，秉持当前与长远相统一、继承与创新相统一、局部与整体相统一、效率与风险相统一原则。最后，构建体制机制，从党建工作凝聚、内模市场驱动、创新创效台账体系、运用科学工具、加强考评与宣传等，确保体系持续运转和目标实现。通过全面准确、科学合理评价各专业、各单位提质增效成效，有效地激发了干部职工的积极性和创造性，促进各项工作顺利推进。把年度重点任务、管理短板等突出问题作为落脚点和发力点，明确任务清单，强化关键举措，坚持靶向施策，推动提质增效取得更大成效。

综上，电网企业提质增效管理体系架构设计示意图如图 7-1 所示。

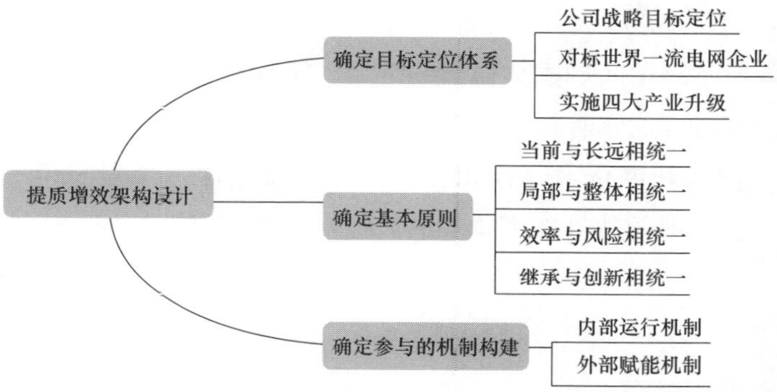

图 7–1　电网企业提质增效理念架构示意图

第三节　电网企业提质增效关键模块解析

一、提质增效内容分解与关键举措

电网企业提质增效始终坚持市场化运营、精益化管理、数字化转型的基本取向，在稳经济、拓市场、深挖潜、促转型、防风险等方面多点发力，推动质效理念深度融入生产经营全过程，助力发展质量、经营效益、运营效率、治理效能稳步提升。

1. 服务大局稳经济

全力保障电力供应，确保重点输配电工程加快建设、按期保质投运，深入开展电力能源优化互补调度，强化供电质量提升，确保为经济社会发展提供安全、可靠、清洁、经济、可持续的电力供应。大力优化营商环境，坚持以客户为中心，不断优化服务手段、拓展服务渠道、压减办电环节，助力客户快速接电投产、节省用电成本。稳定产业链供应链，创新电力金融产品和服务，着力服务产业链上下游企业缓解融资压力，有力支撑实体经济复苏。

2. 深耕细作拓市场

开拓售电市场，在提升供电服务质量的同时，因地制宜推进营业区扩容，有序推动能源消费电能替代，在稳步拓展售电市场份额的同时，促进终端能源消费电气化，助力能源清洁低碳转型。拓展新兴业务，依托电网企业资源禀赋和技术优势，强化技术与商业模式创新，积极拓展新兴业务，培育企业高质量发展新动能，推动优势资源有效转变为经营效益。

3. 眼睛向内深挖潜

严控低效成本，落实国家全面节约战略，牢固树立过紧日子思想，加强各环节、各层级、全过程成本管控，严控不合理、不必要的支出。强化降损降耗，深化线损治理，持续开展技术降损和管理降损，深化理论线损应用，加强高损台区、高损线路、高损元件治理，减少电力损耗。盘活闲置资源，分类别分渠道盘活存量资产，推进跨地域、跨专业运作，强化资源统筹调配，促进闲置资产高效利用。

4. 改革创新促转型

推进电力改革，加快推进电力市场化改革，深化中长期市场建设，加强政企协同和政策保障，稳妥做好现货市场建设和电网代理购电服务。推进国企改革，落实国有企业改革，以更大勇气、更实举措破除体制机制障碍，着力构建制度完备、权责明晰、运行顺畅的现代企业治理体系，持续提升企业创新活力和发展动能。推进内部改革，深化企业内部管理变革，创新构建内部模拟市场评价体系，将内部无偿服务有偿化，通过市场化手段持续提升企业治理效能。

5. 主动作为防风险

强化安全生产，加强安全隐患治理，抓紧抓实设备采购、作业现场风险管控等安全基础工作，做好风险源头管控，切实防范安全生产风险。强化经营管理，加强经营债务管控，强化现金流量管控，严控股权投资风险，深化亏损企业治理，确保稳健经营。争取政策支持，围绕重点领域积极争取政策支持，依法合规用好国家各项财税政策。

二、提质增效工作保障机制

（1）加强组织落实。创新工作机制，制定行动计划，建立责任体系，逐级推动落实，形成上下联动、横向协同、齐抓共管的工作合力。

（2）加强过程管控。建立过程跟踪和经验分享机制，深入挖掘各领域创新实践，创新宣传手段，促进成果交流和共同提升。

（3）加强考核引导。构建适应新发展方式的内部模拟市场评价体系，结合业绩考核体系，通过定期评价与全年综合评价相结合的方式，实施提质增效专项考核，引导全体员工同向发力、比学赶超、矢志一流。

（4）加强文化培育。建立长效机制，深度融入党建工作、文化建设，将精益管理、质效理念贯穿于经营发展全过程、各环节。

第四节　电网企业提质增效管理体系应用与实践

一、挖潜增效方面实践案例

某供电公司大力推广一键顺控操作替代传统倒闸操作，构建“全流程、全防误、全顺控”操作体系，实现业内领先水平。

（1）明确建设目标，在“杜绝误操作、提高操作效率”基础上，确立实现“开关、线路、母线和主变在各种运行方式下的一键顺控操作”为目标，开展电网一键顺控技术及管理创新研究，设备操作时长由“小时级”向“分钟级”飞跃，效率提升 30 倍。

（2）明确建设路线，采用主站一键顺控技术路线，首创以联动视频为辅助设备状态确认的判据，满足设备位置状态双确认判据要求，已实现一键顺控操作 5 万余项，未发生一起倒闸误操作。

（3）明确建设计划，在 220kV 及 500kV 变电站一键顺控全覆盖基础上，进一步拓展延伸，已实现区域内 80% 的 110kV 变电站顺控上线。

二、降本增效方面实践案例

某供电公司创新“林电互动保安全助脱贫”，解决电力“树线矛盾”，实现森林防火、村民收入与村财增长的多方共赢。

（1）发挥党建引领，协同推进线树治理。借助党建联创载体，联合县政府，与属地林业系统、乡镇党委签订三方联创共建协议成立联创综合体，实现林电系统内各类党组织合作发力。

（2）体现央企担当，助力脱贫攻坚。加快推进电力线路油茶生物防火林带建设，以“合作社 + 基地 + 农户”模式，引导村集体和贫困户入股种植，为村镇创造稳定财政收入。

（3）加大宣传力度，推广特色项目经验。主动与政府部门及各级媒体沟通，宣传推广助力脱贫。

三、资产增效方面实践案例

某供电公司深入推进与通信运营商的基础资源合作共享。

（1）积极推进海底光缆合作共享试点，充分挖掘海底电缆复合光缆的资源优势，积极同通信运营商沟通，配合开展海底光缆的资源勘查，向通信运营商提供跨海岛光缆合作共享，助力运营商业务拓展。

（2）巩固试点成果，在海底光缆合作共享试点工作、专业评估报告的基础上，扩大海底光缆合作共享范围，总结提炼光缆合作共享经验，开展普通光缆合作共享工作，提高全地区基础资源运营效率与效益。

四、政策增效方面实践案例

某供电公司政企融通合力合为，实现营商环境“阳光共建”。聚焦高效率运营提质增效，通过加强政企合作、深化先进技术应用，持续简化办理流程，缩短服务兑现时长，着力提升客户用电获得感和满意度。

（1）政企联动实现全域“三免”办电。在市、县两级供电营业窗口全面部署政府专网、政务平台，实现政务数据全共享。客户在政务平台完成备案审批信息登记后，客户经理可在线获取客户潜在用电需求，主动上门对接，为客户提供“三免”（免申请、免上门、免提资）办电服务。

（2）“刷脸”核验提升零证办电体验。依托公安部“互联网＋可信身份认证平台”，完成市县辖区营业窗口“CTID 人证一体机 RX 设备”部署，客户现场刷脸即可完成身份信息核验，无需提供身份认证材料即可办理新装、增容等 19 项业务。

（3）信息贯通实现水电与不动产同步过户。推动市不动产中心登记平台与办电业务管理系统信息贯通，客户在办理二手房转移登记手续时可同步授权办理水电过户，业务所需档案资料同步共享，供电公司可按需调用，大大减少客户往返、资料流转时间。

通过提供“三免”办电、“刷脸”核验、水电与不动产同步过户等优质服务，推动所在地区企业办电时长同比减少约 15 天，居民办电时长同比缩短 30%，持续优化电力营商环境，用心服务人民美好生活用能需求。

五、惠民增效方面实践案例

某供电公司聚焦谋划提质增效，抓好服务升级、理念升级，以烤烟行业电能替代为切入点，加快助力实现电能替代，通过技术创新、政策挖潜、产融协同，助力革命老区“美村富民”。

（1）技术方面，在烤烟行业创新应用热泵技术，打造全电智慧烤烟平台，实现“无人值守、精准烘烤”，既解决传统烤烟加工能耗高、操作难、污染重等问题，又实现烤烟成本显著下降，品质与效益明显提升。

（2）政策方面，促成政府落实700余座电烤烟房补贴政策，加大三年资金投入完成烤烟房“煤改电”，实现每座烤烟房四分之三的改造投入都由政策补贴，极大提高烟农积极性。

（3）产融方面，针对电能替代领域的停电损失风险，试点投保公用事业企业经营责任保险，让烟农吃下“定心丸”。为烤烟设备制造商提供“电e金服”电力绿色贷产品，争取贷款利率优惠，解决企业扩大产能融资难、融资贵问题，为企业注入“强心剂”。

通过“技术+政策+产融”的加持，为烟农带来“真金白银”的同时，年减排二氧化碳6116t，绿色低碳全力服务乡村振兴。

参考文献

[1] 郭林．制度变迁视角下我国电力企业成本管理体系构建与应用研究［D］．东北财经大学，2018.

[2] 宋天舒．电力企业成本管理问题研究［D］．山东财经大学，2017.

[3] 李晨莹．T公司精益成本管理应用研究［D］．湘潭大学，2019.

[4] 刘洁．A省级电网企业标准成本管理的研究［D］．湘潭大学，2015.

[5] 赵凤燕．作业成本法在电网企业成本管理中的应用研究［D］．华北电力大学，2015.

[6] 李莹．基于基建标准成本的电网工程投资预算精益化管理［J］．中小企业管理与科技（下旬刊），2017, (11): 29−30.

[7] 唐笑一．浅析标准成本作业化建设在电网企业的应用［J］．当代会计，2019, (17): 39−40.

[8] 陈逸林．作业成本管理在Y电网企业中的应用研究［D］．湖南大学，2018.

[9] 李洪江，杨永昆，冉启鹏．基于GA−SVM质量挣值法的电网项目进度−成本预测［J］．机电工程技术，2020, 49(10): 93−95.

[10] 金鑫．国电集团战略成本管理体系设计［D］．内蒙古大学，2012.

[11] 张海欣．新能源企业技术创新效率评价研究［D］．西安科技大学，2020.

[12] 唐虎．输配电价改革背景下电网企业成本管理初探［J］，2018, (13): 117−118.

[13] 冯珊珊．浅谈标准成本管理在电网企业中的应用［J］．科技经济导刊，2017, (23): 241.

[14] 李欣怡．基于全价值链的精益成本管理应用研究［D］．浙江工商大学，2019.

[15] 曾力．基于战略视角的电网企业成本精益管控对策［J］．财务与会计，2018, (5): 68−70.

[16] 卫书宇．电力供应链全生命周期成本评价研究［D］．合肥工业大学，2020.

[17] 李舒婷．D企业精益财务管理体系构建研究［D］．吉林大学，2020.

[18] 刘斌．精益视角下建设工程项目成本管理研究［D］．山东科技大学，2020.

[19] 庄丽丽．精益管理在企业成本管理中的应用探索［J］，2020, (7): 10−11.

[20] 侯方圆．碳中和背景下的火电企业精益成本管理研究［D］，2021.

[21] 史帅杰，姜雪微．基于多维精益思想的成本管理优化研究——以国家电网公司为例［J］．中国商论，2020, (12): 136−137.

[22] 刘元欣．丰田成本精益之路初探［J］．会计之友（下旬刊），2006,（10）：43－44.

[23] 杜晓荣，张颖，陆庆春．成本控制与管理［M］．第二版．北京：清华大学出版社，北京交通大学出版社，2018.

[24] 冯永华．丰田精益管理成本控制与管理［M］．北京：人民邮电出版社，2015.

[25]［日］堀口敬．精益制造成本管理［M］．王占平，译．北京：东方出版社，2013.

[26] 毛育冬，娄欣轩，陈世剑，刘浩，张俊民．国家电网生产运营作业标准成本体系建设与应用［J］．财务与会计，2021(23)：20－22.

[27] 梁国栋，李卉．基于 ABC 法的电网企业标准成本体系建设方法与应用［J］．商业会计，2021(23):87－89.

[28] 王璐．N 供电公司标准作业成本管理研究［D］．西安石油大学，2020.

[29] 王广宇，丁华明，等．作业成本管理：内部改进与价值评估的企业方略［M］．北京：清华大学出版社，2005.4.

[30] 王钥．基于标准作业成本法的 W 企业成本控制研究［D］．西安科技大学，2020.

[31] 顾兵，李肖瑞．以标准成本为核心的电网成本管控创新实践——以 G 电网公司为例［J］．管理会计，2022(2):114－119.

[32] 国家电网有限公司．国家电网公司关于进一步深化项目可研经济性与财务合规性评价工作的通知．国家电网财［2015］536 号，2015.

[33] 国家电网有限公司．国家电网有限公司成本管理办法．国网（财/2）347－2020，2020.

[34] 国家电网有限公司．国家电网有限公司全面预算管理办法．国网（财/2）375－2020，2020.

[35] 国家电网有限公司．国家电网有限公司会计核算办法 2021. 国网（财/2）469－2020，2020.

[36] 张杰，唐宏，苏凯，等．效能评估方法研究［M］．北京：国防工业出版社，2009:29.

[37] 陈磊，姚伟召，郭全魁，等．效能评估理论、方法及应用［M］．北京：北京邮电大学出版社，2016:13－14.

[38] 瓦西里·里昂惕夫．投入产出经济学［M］．崔书香，译．北京：商务印书馆，1980：112－120.

[39] 吴和成．投入产出模型若干问题的研究［D］．河海大学，2004.

[40] 梁盛凯，王田月，石保纬，陆宇明．基于投入、产出和效率视角的我国甜瓜产业适度规模经营分析［J］．南方农业学报，2019,50(11):2614—2620.

[41] 朱美霖．投入产出视角下的公共图书馆文化服务效能评估模型研究［J］．图书馆研究与工作，2021(02):14－21.

[42] 吴小艳．标杆管理在汽车制造企业中的应用［J］．汽车工业研究，2008,(10):34－36.

[43] 陈祥龙．湖泊生态安全综合评估方法略述［J］．山地农业生物学报，2013，(5):458-464.

[44] 沈琦．非线性规划问题和多目标规划的一种改进的降维算法［D］．重庆大学，2006.

[45] 易俗，白晓民，申晓留，等．地区配电市场中峰谷分时定价的综合决策研究［C］// 中国电机工程学会．中国电机工程学会，2007.

[46] 金雪松．IT 企业项目组合管理中的项目优选研究［D］．哈尔滨工业大学，2010.

[47] 李贺娟．我国环境治理投资效率评价及其影响因素研究［D］．上海外国语大学，2019.

[48] 李艳．基于 KPI 理论的配电网节能改造综合成效评价研究［J］．价值工程，2018，(36):64-65.

[49] 王云中．马克思宏观经济分析理论的若干内容与特点［J］．北华大学学报（社会科学版），2001(04):21-24.

[50] 张东梅．基于多属性决策单元 DEA 模型的电网企业投资效率分析［D］．华北电力大学（北京），2019.

[51] 李海舰，聂辉华．论企业与市场的相互融合［J］．中国工业经济，2004(8):10.

[52] 王国顺．企业理论：契约理论［M］．北京：中国经济出版社，2006.

[53] 楚永生．西方企业与市场关系理论探析［J］．理论学刊，2004(4):2.

[54] 罗玲，陈国毅．企业内部市场化管理模式研究［J］．武汉理工大学学报：信息与管理工程版，2006，28(9):4.

[55] 卜伟．国际贸易与国际金融［M］．北京：清华大学出版社，2006.

[56] 罗珉，冯俭副．组织新论：网络经济条件下的组织管理新范式［M］．成都：西南财经大学出版社，2005.

[57] 刘志旺．企业内部市场：构建、运行与效果检验［D］．湖南大学，2007.

[58] 何永刚．C 钢铁公司设备维检部门内部市场化研究［D］. 重庆理工大学．

[59] 沈满洪，张兵兵．交易费用理论综述［J］．浙江大学学报：人文社会科学版，2013(2):15.

[60] 戴君．中国企业可持续供应链管理——基于环境保护和社会责任视角［D］．对外经济贸易大学，2015.

[61] 赵立祥，汪文杰．基于循环经济的价值链研究［J］．北方经济，2009(3):3.

[62] 罗锋，丁勇．管理会计［M］．北京：经济科学出版社，2006.

[63] 刘伟．企业内部市场的构建［J］．企业改革与管理，2007(4):2.

[64] 林敏．浅析“阿米巴经营模式”在物业公司的运用［J］．中国商论，2018(3):2.

[65] 龚国华．生产与运营管理——制造业与服务业（第三版）学习指导［M］. 上海：复旦大学出版社，2012.

[66] 黄志平．管理原理［M］．重庆：重庆大学出版社，2004.

[67] 石玉彪．中国电信实施“划小核算单元”的管理实践［J］．财务与会

计 ,2014,(4):19−20.

[68] 福建省市场监管管理局 . 在用电能表校准规范（试行）. JJF（闽）1106—2020.

[69] 中华人民共和国国家质量监督检验检疫总局，中国国家标准化管理委员会 . 电子式交流电能表，JJG 596—2012.